知识就在得到

A
Comprehensive
Mirror
to Aid in
Government

Series.IV

治鉴
资通

第四辑 汉家隆盛 ⑦

熊逸版

熊逸 著

Xiong Yi
Edition

新星出版社　NEW STAR PRESS

目录

第七册

——汉武帝元鼎四年

149 武帝为什么要祭祀汾阴　　1307
150 为什么说兒宽是个官场奇迹　　1316

——汉武帝元鼎四年至五年

151 出使南越做了哪些人才安排　　1322
152 出使南越的外交行动是怎么破产的　　1335

——汉武帝元鼎五年至六年

153 武皇开边做了哪些准备工作　　1343
154 南越政权是怎么灭亡的　　1353
155 李延年是怎么一步步上位的　　1362
156 南越事件有怎样的余波未了　　1370
157 武帝如何继续开疆拓土　　1381

——汉武帝元封元年
158 汉武帝泰山封禅是怎么举行的　　　　1390

汉纪十三

世宗孝武皇帝下之上

——汉武帝元封二年
159 武帝怎么终结了黄河水患　　　　1409
160 朝鲜人为什么突然刺杀辽东都尉涉何　　　　1417
161 如何理解武帝时期的西南策略　　　　1425

——汉武帝元封三年
162 汉军东征朝鲜的局面有多复杂　　　　1435
163 平定朝鲜的结局为何令人费解　　　　1445

——汉武帝元封四年至五年
164 乌维单于怎么和汉帝国虚与委蛇　　　　1454
165 武帝为什么不拘一格下诏求贤　　　　1464

——汉武帝元封六年
166 江都公主是怎样远嫁乌孙国的　　　　1471
167 汉帝国的西域大外交是怎么打通的　　　　1480

——汉武帝太初元年
168 葡萄和苜蓿是怎样传入中国的　　1489
169 建章宫是怎么建起来的　　1499
170 武帝为什么要西征大宛　　1507

汉武帝元鼎四年

149
武帝为什么要祭祀汾阴

祭祀后土

原文:

(四年)

冬,十月,上行幸雍,祠五畤。诏曰:"今上帝,朕亲郊,而后土无祀,则礼不答也。其令有司议!"立后土祠于泽中圜丘。上遂自夏阳东幸汾阴。是时,天子始巡郡、国;河东守不意行至,不办,自杀。十一月,甲子,立后土祠于汾阴脽上,上亲望拜,如上帝礼。礼毕,行幸荥阳,还,至洛阳,封周后姬嘉为周子南君。

这一讲我们进入新的一年，武帝元鼎四年（前113年）。

冬十月，武帝到雍县祭祀天帝。这虽然只是例行公事，但武帝忽然生出一个念头：自己祭祀天帝，却没有用相应的规格祭祀地神，显然不合适。有关部门迅速研究出了一个方案，建议在水泽当中的圆形丘陵上兴建后土祠。

到哪里去找这样一个地方呢？武帝马上想到了汾阴，而且说去就去。汾阴隶属于河东郡，郡守大人万万想不到皇帝突然驾到，来不及办招待，畏罪自杀了。

但这完全没有影响武帝的兴致，他照旧兴建后土祠，祭祀后土，然后巡行各郡国。回程经过洛阳时，他还做了一件很有儒学意义的事情：找到周王室的后人姬嘉，封他为周子南君。

大一统

周朝亡了那么多年，为什么武帝突发奇想，搞了这么一出呢？其背后的逻辑，就是《春秋》公羊学的"存三统"理论。

按照公羊学家的解释，人类社会仅存在三种模式，称为"三统"。这三种模式循环往复，不以人类的主观意志为转移。这解释了为什么会存在王朝的更迭。具体来说，当下的政权是一统，前朝和前朝的前朝是另外两统，当下的政权虽然居于主导地位，是所谓"正统"，但不该对前朝的两统斩尽杀绝，而是要给它们一个合理且可控的生存空间。这就叫"存三统"或者"通三统"。

当然，三统轻重有别，本朝这一统最重要，必须发扬光大，这就是所谓的"大一统"。这里的"大"是个动词，是古汉语中的使动用法。后来，公羊学式微，人们逐渐忘记了公羊学语境下"大一统"的含义，把它理解为国土和政权的统一。

但在公羊学的语境里，"大一统"并不是要全盘通吃，而是要在发扬本朝这一统的同时，照顾另外两统，不让人家断子绝孙。这个奇妙的理论应该是从"三恪"中衍生出来的。"恪"是尊重的意思，所谓"三恪"，就是改朝换代的新政权有必要对前代和前前代君王的后裔表现出足够的尊重。

公羊学大师董仲舒明确讲过这个道理：当下的政权应当把前两朝的王族后裔当成客人对待，给予足够的礼遇，把他们封为大国诸侯，使他们在封国里保留旧有的典章制度、衣冠礼乐。（《春秋繁露·卷七·三

代改制质文》)

在这件事情上,周武王是典范。灭掉殷商之后,他虽然大肆分封亲属和盟友,但也没有忘记前朝商朝,还有前前朝夏朝的血脉,封夏朝王室后裔于杞,封商朝王室后裔于宋。

周武王的这个做法确实有史可考,但他的动机已经不得而知。儒家学者从这个史实出发,发明了"三恪""三统"这些玄而又玄的理论。然而,史实同样告诉我们,杞国和宋国在周朝显得特别另类,诸子百家创作寓言故事时,总是把这两国人描绘成蠢货的样子,比如揠苗助长的是宋国人,杞人忧天的是杞国人。

分封孔子后人

那么问题来了:就算武帝刻意实现"存三统"的《春秋》大义,汉朝的前朝和前前朝到底是哪两个朝代呢?陈胜建立的张楚算不算?楚怀王的政权算不算?秦朝算不算?

这笔账已经算不清楚了,从武帝发布的诏书来看,以上三个政权都不算,被提到的只有夏、商、周三代。那么按照三统理论,应该找出商、周两代的王族后裔,封为大国诸侯,以客礼相待。

商朝王族的后裔当时应该是没找到，只在洛阳一带发现了周朝王族一位名叫姬嘉的后人，并将其封为周子南君。根据《史记·封禅书》的记载，姬嘉的封地只有区区三十里。《汉书·外戚恩泽侯表》的记载也许更可靠些，其中虽然没有提及姬嘉封地的大小，但说他封地的户口足有三千户。相比之下，先前那位风光无限的丞相公孙弘的封地户口只有三百七十三户。

寻访商朝王族后裔的工作，到了汉元帝时期仍在进行。但由于商朝后裔早已开枝散叶，分化成多个姓氏和家族，连家谱也搞不清了，因此很难找到。于是，匡衡提出一个可行性方案：孔子自称是商朝人的后裔，儒家经典有明确记载，大家也都认可，所以只要分封孔子的后人就可以了。

这个建议虽然看起来合理，但当时它被直截了当地提出，显得过于反常识，所以并没有引起皇帝的重视。等到汉成帝的时代，梅福旧事重提，还真就把它促成了——孔子后人被封为殷绍嘉公。（《汉书·杨胡朱梅云传》）

这个传统在司马光时代仍有延续。后周柴氏的后人被封为崇义公，此举被认为是"兴灭国，继绝世"的仁政。（《宋大诏令集·卷一五六》）王夫之提出了一个特别有大历史感的说法，认为这样做不仅有助于平稳地实现改朝换代，还能确保华夏文明的正统绵延不绝，代代有明确的传承关系。此外，前朝的后人刚好可以作为新政权门当户对的通婚对象。（［清］王夫之《船山全书·噩梦》）

在通婚方面，如果追求门当户对，这确实是一个可行的办法。但皇室如果真的按此模式来确定婚姻关系，那就既不能选美色，也不能选盟友，最终只能实现"维护华夏正统"的虚幻意义，难度显然很大。所以，汉朝皇室的婚姻，实际上门第悬殊得令人惊讶，娶进来的有二婚有娃的民女，还有女奴。王夫之的想法虽然有大历史观，但依旧太不接地气了。

方士栾大

原文：

春，二月，中山靖王胜薨。

让我们回到元鼎四年（前113年）。中山靖王刘胜过世，他的墓葬在1968年被发现，出土了我们特别熟悉的金缕玉衣。刘胜一生贪杯好色，因此子孙满堂。在皇帝心目中，刘胜真正活出了诸侯王该有的样子，只不过这种榜样实在不便宣传。

原文：

乐成侯丁义荐方士栾大，云与文成将军同师。上方悔诛文成，得栾大，大说。大先事胶东康王，为人长美言，多方略，而敢为大言，处之不疑。

大言曰："臣常往来海中，见安期、羡门之属，顾以臣为贱，不信臣；又以为康王诸侯耳，不足与方。臣之师曰：'黄金可成而河决可塞，不死之药可得，仙人可致也。'然臣恐效文成，则方士皆掩口，恶敢言方哉！"上曰："文成食马肝死耳。子诚能修其方，我何爱乎！"大曰："臣师非有求人，人者求之。陛下必欲致之，则贵其使者，令为亲属，以客礼待之，乃可使通言于神人。"于是上使验小方，斗旗，旗自相触击。是时，上方忧河决而黄金不就，乃拜大为五利将军，又拜为天士将军，地士将军，大通将军。

本年度真正的大事件，是方士栾大的出场。栾大是少翁的同门师兄弟。少翁早先凭借方术在武帝那里骗吃骗喝，最终骗术败露，被武帝处死。万没想到，武帝在杀了少翁之后竟然很有悔意，认为少翁并非从头到尾都在欺骗，他的神仙方术还是有效的，只不过需要更多时间去验证。[1] 所以，栾大的出现适逢其会。更

---

[1] 详见前文第136讲。

何况这个栾大一表人才，胆识和智谋都很出色，再离谱的瞎话，经他一讲都像是真的一样。

武帝以为见到了高人，对栾大掏心掏肺，赏赐不计其数，单是将军名号就给了他好几个。第一个名号最出名，叫五利将军，后人提起栾大时，常称他为"五利"。而因为先前那位少翁受封文成将军，所以后人提起皇帝身边的江湖骗子时，就会用"文成""五利"这一对经典搭配。比如班固《西都赋》中的"骋文成之丕诞，驰五利之所刑"，王安石《文成》中的"文成五利老纷纷，方丈蓬莱但可闻"……

原文：

夏，四月，乙巳，封大为乐通侯，食邑二千户，赐甲第，僮千人，乘舆斥车马、帷帐、器物以充其家，又以卫长公主妻之，赍金十万斤，天子亲如五利之第，使者存问共给，相属于道。自太主、将、相以下，皆置酒其家，献遗之。天子又刻玉印曰"天道将军"，使使衣羽衣，夜立白茅上；五利将军亦衣羽衣，立白茅上，受印，以示不臣。大见数月，佩六印，贵震天下。于是海上燕、齐之间，莫不搤腕自言有禁方、能神仙矣。

武帝对栾大的信任和重视，绝不亚于齐桓公之于管仲、刘备之于诸葛亮、宋神宗之于王安石。短短几个月的时间里,栾大不仅身佩六颗大印,富贵无双,还迎娶了卫长公主。

这位卫长公主是皇后卫子夫给武帝生的大女儿。提到"长公主",我们通常会以为是皇帝的姐妹,但这里指的是卫皇后的长女。([清]梁玉绳《史记志疑·卷十六》)卫长公主的这次婚姻属于丧偶后的再婚,她原先嫁给了第五代平阳侯曹襄[1],并为他生了继承人第六代平阳侯曹宗。曹襄去世不久,卫长公主在武帝的安排下改嫁给了栾大。栾大对于武帝来说,既是尊贵的客人,也是亲爱的家人。《资治通鉴》在形容他的时候,用到了"贵震天下"这四个字。

仅用了几个月的时间,栾大就从一名江湖术士蹿升到了"贵震天下"的程度。看到他的上位,燕、齐一带很多人都坐不住了,纷纷表示自己也有独门绝技,可以登仙境。

偏巧就在这个时候,天降祥瑞,有人在汾阴后土祠旁边发现了一只大鼎。

---

[1] 详见前文第131讲。

150

为什么说兒宽是个官场奇迹

大鼎现身

原文:

六月,汾阴巫锦得大鼎于魏脽后土营旁,河东太守以闻。天子使验问,巫得鼎无奸诈,乃以礼祠,迎鼎至甘泉,从上行,荐之宗庙及上帝,藏于甘泉宫,群臣皆上寿贺。

偶然的背后藏着因果。

早在文帝时代,江湖术士新垣平语出惊人,说他在望气时看到汾阴地带有金宝气,应该是周鼎重现人间的征兆。而就在汉文帝派人去汾阴修庙祭拜,期待着周鼎现身时,新垣平其他弄虚作假的勾当被人揭发了,祥瑞成了闹剧,迎接周鼎的事情也就不了了之。[1]

---

[1] 详见前文第016讲。

以新垣平的行事风格，他一定已经预先安排好了所谓的周鼎。没想到人算不如天算，伏笔一埋就是好几十年。直到武帝时代，一个只有花纹却没有铭文的大鼎现身人间，被各级官员赋予了各种美好而肉麻的意义。

对此，武帝心中仍有几分疑惑："近年来黄河泛滥，粮食歉收，所以朕才会巡视全国，祭祀地神，拜托地神让老百姓有个好收成。今年的收成好坏还看不出来，鼎为什么会在这个时间现身呢？"

这是一个很合理的问题。如果当时还有批评自由，那么人们很容易找到"在德不在鼎"这种理论资源，认为鼎无非是个人造的物件，没必要把它看得那么重。但时代已经变了，饱读诗书的知识官僚们讲古论今，对武帝进行了一番如连绵江水般滔滔不绝的吹捧——这就是莫大的祥瑞，而且特别符合武帝的德行。（《史记·封禅书》）

事情发展到这一步，黄钟毁弃，瓦釜雷鸣，盛大的封禅仪式也就不远了。

原文：

秋，立常山宪王子商为泗水王。

同年秋天，武帝立已故常山王刘舜的另一个儿子刘商为泗水王。《资治通鉴》之所以单摆浮搁地记录了这样一条内容，可能是因为作为史料源头的《史记》有脱漏，《汉书》从《史记》照抄过去，《资治通鉴》又从《汉书》照抄过去。（［清］王先谦《汉书补注·武帝纪》）这件事本身并不重要，我们也不必深究。

左内史儿宽

原文：

初，条侯周亚夫为丞相，赵禹为丞相史，府中皆称其廉平，然亚夫弗任，曰："极知禹无害，然文深，不可以居大府。"及禹为少府，比九卿为酷急；至晚节，吏务为严峻，而禹更名宽平。

中尉尹齐素以敢斩伐著名，及为中尉，吏民益凋敝。是岁，齐坐不胜任抵罪。上乃复以王温舒为中尉，赵禹为廷尉。后四年，禹以老，贬为燕相。

是时吏治皆以惨刻相尚，独左内史儿宽，劝农业，缓刑罚，理狱讼，务在得人心；择用仁厚士，推情与下，不求名声，吏民大信爱之；收租税时，裁阔狭，与民相假贷，以故租多不入。后有军发，左内史以负租课殿，当免。民闻当免，皆恐失之，大家牛车、小家担负输租，繦属不绝，课更以最。上由此愈奇宽。

这一年里，汉帝国的政治面貌被《资治通鉴》大书特书，一言以蔽之，就是酷吏遍天下。以前提到酷吏，我们还能说出个张三、李四来。而如今，政坛上尽是酷吏，原先的张三、李四在后辈的衬托下，竟然变成了温和派。真正的温和派几乎绝迹，只剩下左内史兒（ní）宽一个。

内史的本义是内政长官，所管辖的地区也因此被称为内史。自汉朝开国以来，内史的管辖范围一直是大长安地区。在文帝时代，内史被一分为二，形成了左内史和右内史。到武帝太初元年（前104年），右内史的地界又被分为京兆尹和右扶风两部分，左内史的地界则改名为左冯（píng）翊，三者合称"三辅"。我们读唐诗时，经常看到"三辅"一词，就是这么来的。

而在元鼎四年，左冯翊仍被称为左内史，管辖该地区的长官也叫左内史。按说以那个时候的官场风气，一个人能成为左内史这种核心地区的高级干部，通常不会是什么善男信女。然而，兒宽是一个例外。他出身贫寒，前半生的经历酷似朱买臣，通过读书改变命运，能吃苦，也坐得住冷板凳。令人意外的是，竟然是张汤慧眼识人，一手提拔了他。

《汉书》记载了兒宽的全部生平，如果一切属实，那么兒宽不但在武帝一朝堪称官场奇迹，放在历朝历代也都是为官的典范。兒宽不但学术功底扎实，业务能力过硬，而且执政温和，很得人民群众的爱戴。尤其难能可贵的是，不但群众喜欢他，酷吏风格的领导喜欢他，连特别不把人才当回事的汉武帝也喜欢他。兒宽做好人，做好官，一路竟然逢凶化吉，最后还得以善终，这说明了，高尚未必一定就是高尚者的墓志铭。班固给出过一个解释：兒宽虽然性情温和，但脑瓜灵活，很知道如何保护自身周全。(《汉书·公孙弘卜式兒宽传》)

在左内史的任内，兒宽遭遇了一场考验。他宽以养民，在征收租税时很有人情味儿，自然很难完成考核指标。平时倒还无妨，但后来赶上朝廷发起军事行动，后勤压力大，兒宽因为租税完成业绩在同级干部中垫底，所以要面临免职处分。当地百姓听说了这个消息，担心兒宽被免职之后，他的继任者会是个如狼似虎的家伙，于是家家户户都使劲给朝廷交粮食。富裕家庭用牛车拉，贫苦人家用担子挑，络绎不绝。转眼间，兒宽就超额完成了租税任务，业绩也由垫底一跃成为全国第一。事情就发生在武帝眼皮底下。武帝本来就喜欢儿宽,从此之后更加对他另眼相看。

当然,儿宽只是当时的一个特例。普通人如果要在官场上升级打怪,最终还是得采取酷吏那套做派。

汉武帝元鼎四年至五年

151
出使南越做了哪些人才安排

出使南越

原文：

初，南越文王遣其子婴齐入宿卫，在长安取邯郸樛氏女，生子兴。

本年度的另一件大事，是汉帝国派遣霸陵人安国少季出使南越。

事情还要从二十多年前说起。当初汉帝国帮助南越平定了闽越之乱，充分尽到了宗主国对藩属国的义务。随后，武帝派庄助出使南越，向南越王赵胡传达了明确的信息：我们都做到这个分上了，你们也该有所表示吧！

赵胡为了表示感谢，派太子赵婴齐到汉武帝身边当差。说是当差，实际上就是当质子。送太子当人质，这已经是质子当中最高级别的表示了。[1]

这是建元六年（前135年）的事情。赵婴齐来到长安后，在汉文明的花花世界里娶了邯郸樛（jiū）氏女子，并生了一个儿子，取名赵兴。《资治通鉴》没有交代的是，赵婴齐在老家是有老婆孩子的。

赵婴齐守着长安的新家庭，和老家的老婆孩子一别十几年，直到得知父亲赵胡病危的消息，才辞别武帝，带着樛氏女和赵兴回国继位去了。完成继位程序后，赵婴齐首先做了一件事：收起曾祖父南越武帝赵佗和父亲南越文帝赵胡的两颗帝号大印，表示自己只称王，不称帝。

当年赵佗和赵胡虽然在汉帝国面前也只是称王，但关起门来山高皇帝远，到底还是称帝的。赵婴齐之所以这样做，根据黎虎先生的解释，是因为他常年在长安做质子，对汉帝国的制度、国情和实力有深刻的了解，所以对汉帝国和南越国的力量对比有清醒的认

---

[1] 详见前文第073讲。

识。(黎虎《"质侍"——汉代交聘方式之一》)

原文:

文王薨,婴齐立,乃藏其先武帝玺,上书请立樛氏女为后,兴为嗣。汉数使使者风谕婴齐入朝。婴齐尚乐擅杀生自恣,惧入见要,用汉法比内诸侯,固称病,遂不入见。婴齐薨,谥曰明王。

赵婴齐接下来做的一件事,就是上书汉帝国,希望征得汉帝国的批准,给樛氏女和赵兴以王后和太子的名分。赵婴齐看起来有一颗亲近汉帝国的心,但奇怪的是,他在继位后本该到长安履行朝见义务,但无论汉帝国派来的使者怎么敦促,他始终没有动身。《资治通鉴》给出的解释是,赵婴齐在南越国沉迷于生杀予夺的权力,生怕到长安朝见之后会受到汉帝国法律的约束,使南越国变得跟内地诸侯国一样。所以他学习先父赵胡,装病装到底,派王子赵次公到长安当郎官。

赵婴齐长居长安十几年,深知汉帝国的政治模式。他的担心并非杞人忧天,汉武帝恐怕真的有意吞并南越。所以,即便派儿子到长安宿卫皇宫,赵婴齐派的也不是太子赵兴,而是另一个儿子。这份忌惮显然比他的父亲赵胡更深。

原文:

太子兴代立，其母为太后。太后自未为婴齐姬时，尝与霸陵人安国少季通。

赵婴齐机关算尽，偏偏没算到自己的寿数——装病没装多久，他就真的死了。太子赵兴继位。这位赵兴生在长安，长在长安，母亲又是汉人，对南越国并没有太多感情，甚至谈不上熟悉。他虽然以太子身份继位，但这个身份纯粹是因为父亲赵婴齐偏心才给他争取来的。他在国内还有一个成年的哥哥赵建德。这种情况下，赵兴唯一能倚靠的就是母亲樛太后了。

但樛太后在南越没有任何政治根基，而且在南越人看来，这个外国狐狸精只能算是赵婴齐的嫔妃，赵婴齐在南越本土早就有大家认可的老婆孩子了。因此，赵婴齐一死，樛太后和赵兴这对孤儿寡母很容易陷入惶惶不可终日的境地。

就在这个时候，大汉使臣安国少季来了。而这位首次在历史上亮相的安国少季之所以被选为使者，是因为他有着另一重身份——南越太后樛氏的前男友。

在国际关系的重大事务上做出这样的安排，真是不怕没好事，就怕没好人。

终军请缨

原文：

是岁，上使安国少季往谕王、王太后以入朝，比内诸侯，令辩士谏大夫终军等宣其辞，勇士魏臣等辅其决，卫尉路博德将兵屯桂阳待使者。

武帝安排安国少季出使南越，显然没安好心。安国少季肩负的外交使命，是规劝赵兴和樛太后像"内诸侯"的国君一样，到长安朝觐。所谓"内诸侯"，指的是刘姓诸侯王。假如南越王当真以"内诸侯"的规格到长安朝觐，南越国的政治地位就变了——不再是汉帝国的藩属国。按说这倒也不是不行，但问题在于，汉帝国的"内诸侯"早已没有外姓人，一旦南越国成为"内诸侯"，将来的命运可想而知。

武帝显然知道这件事的难度，所以在人力调配上煞费苦心。使臣安国少季既不是朝廷重臣，也不是外交新秀，就像我们前面说的，他之所以被选中，只因为他是樛太后的前男友。武帝的这张牌，打的是"旧情牌"，安国少季此去南越，务求干柴烈火，死灰复燃。当然，外交场合毕竟需要能言善辩的人才，安国少季在这方面并不擅长，因此由专业高手终军负责。这位终军是历史上响当当的人物，遗憾的是，《资治通鉴》没有给他应有的篇幅。

终军，字子云，济南人，从小爱学习，不但口才好，文章写得漂亮，还特别朝气蓬勃，渴望建功立业。

十八岁那年，终军入选为博士弟子，离家远赴长安。进入函谷关时，出入境管理员给了他一个叫"繻"（xū）的东西。这是一种特殊的纺织品，会在写完字之后一分为二，一半留关存档，一半交给通关旅客。将来旅客出关时，要拿自己的一半跟存档的那一半配上对才可以。

终军还是第一次见到这个物件，便问管理员是什么。听管理员讲解完使用方法后，终军甩下一句豪言：大丈夫西游，将来出关时根本用不着这东西。然后他扔掉自己那一半繻，扬长而去。

终军的意思是，自己一去长安，必定混得风生水起，哪会怎样来的还怎样回去呢？

后来，终军果然做了官，拿着朝廷使节出巡郡国。东出函谷关时，出入境管理员认出了他，说这位使者不就是先前那个把繻扔掉的儒生吗？（《汉书·严朱吾丘主父徐严终王贾传第三十四下》）

管理员的原话是："此使者乃前弃繻生。"他的这句感叹，给后人留下了"弃繻"这个文化典故。晋人江统在《函谷关赋》里说"终军弃繻，拥节飞荣"，李世民在《入潼关》里说"弃繻怀远志"，用的都是这个典故。

根据《汉书》的记载，南越王赵兴和汉帝国缔结了和亲关系，这应该是赵兴母子的自保之道，借汉帝国这个靠山来保障自己在南越国的平安和富贵。武帝这才要趁热打铁，让南越国内附。终军接受委任后，说了一句特别著名的豪言壮语："愿受长缨，必羁南越王而致之阙下。"意思是，他请求随身带一根长绳，此去南越，一定要把南越王捆来送到武帝脚下。可见终军很清楚武帝的意图，也明白自己这一趟出使，名义上是办外交，实际上是要吞并南越国。

从南越的角度看，终军无疑是一个搅局者——这种外交官和侵略军没什么区别。而站在汉帝国的角度，人们只会为终军的英雄气概折服。"请缨"从此成为文化语码，甚至在现代汉语中也依旧存在。在我们熟悉的诗词和古文里，终军请缨的典故频繁出现：王勃的《滕王阁序》里有"无路请缨，等终军之弱冠"；岳飞在《满江红·登黄鹤楼有感》中写过"何日请缨提锐旅，一鞭直渡清河洛"。千载之下，读来依旧荡气回肠。

汉帝国的使团中，有安国少季打"旧情牌"，负责搞定南越太后；有终军怀着请缨的雄心驰骋口才，扬大汉国威。除此之外，还有勇士魏臣等人打配合，撑起了使团的武力值。卫尉路博德屯兵桂阳，意图很明显：随时可以提一支劲旅越过国境线，来接应使团。

万事俱备，使团抵达南越，双方一拍即合。

安国少季出使

原文：

南越王年少，太后中国人；安国少季往，复与私通。国人颇知之，多不附太后。太后恐乱起，亦欲倚汉威，数劝王及群臣求内属；即因使者上书，请比内诸侯，三岁一朝，除边关。于是天子许之，赐其丞相吕嘉银印及内史、中尉、太傅印，余得自置；除其故黥、劓刑，用汉法，比内诸侯。使者皆留，填抚之。

赵兴年纪还小，樛太后的态度自然格外重要。而站在樛太后的立场上，让南越国成为汉帝国的"内诸侯"，简直是求之不得的事情。

这笔账并不难算：虽然南越国的独立地位会被严重牺牲，樛太后和赵兴理论上能控制的南越资源也会大打折扣，但如果不这样做，赵兴很可能保不住王位，母子俩将来会一无所有。更何况安国少季一来，众目睽睽之下，这场旧情复燃怎么可能瞒得住呢？

南越人本来就把樛太后当外人，这样一来对她的离心离德更甚。而南越人越是对樛太后离心离德，樛太后归附汉帝国的意愿就越强。三下五除二，事情就这么定了：南越王每三年到长安朝觐一次。双方解除边关封锁。南越国内改用汉帝国的法律。南越国的高级官员由汉帝国重新册封，授予银印，中低级官员由南越王自行任命。

事情办得丝滑而圆满。斜风细雨不须归，使团并不急于回国，就留在南越国处置交接事宜。

去妻子如脱屣

原文：

上行幸雍，且郊，或曰："五帝，泰一之佐也。宜立泰一，而上亲郊。"上疑未定。齐人公孙卿曰："今年得宝鼎，其冬辛巳朔旦冬至，与黄帝时等。"卿有札书曰："黄帝得宝鼎，是岁己酉朔旦冬至，凡三百八十年，黄帝仙登于天。"因嬖人奏之。上大悦，召问，卿对曰："受此书申公，申公曰：'汉兴复当黄帝之时，汉之圣者在高祖之孙且曾孙也。宝鼎出而与神通，黄帝接万灵明庭。明庭者，甘泉也。黄帝采首山铜，铸鼎于荆山下，鼎既成，有龙垂胡髯下迎黄帝，黄帝上骑龙，与群臣后宫七十余人俱登天。'"于是天子曰："嗟乎！诚得如黄帝，吾视去妻子如脱屣耳！"拜卿为郎，使东候神于太室。

这一年里，武帝的主要精力还是放在求仙上。他听一个名叫公孙卿的江湖术士讲述黄帝骑龙上天的故事，听得如醉如痴，还留下了一句名言："诚得如黄帝，吾视去妻子如脱屣耳。"这句话的意思是，如果他也有机会像黄帝一样骑龙升仙，那么抛弃老婆孩子对他来说就像甩掉脚上的鞋子一样毫无障碍。

这番话后来成为文化语码。明清易代之际，大名士吴伟业想自杀却舍不得妻儿老小，想活下去又受不了剃发投降，各种纠结。他在病中填词道："脱屣妻孥非易事，竟一钱、不值何须说。"（《贺新郎·病中有感》）普通人到了真要抛弃老婆孩子的时候，才知道事情哪有那么容易！

吕嘉称病

原文:

（五年）

冬，十月，上祠五畤于雍，遂逾陇，西登崆峒。陇西守以行往卒，天子从官不得食，惶恐，自杀。于是上北出萧关，从数万骑猎新秦中，以勒边兵而归。新秦中或千里无亭徼，于是诛北地太守以下。上又幸甘泉，立泰一祠坛，所用祠具如雍一畤而有加焉。五帝坛环居其下四方地，为醊食群神从者及北斗云。十一月，辛巳朔，冬至；昧爽，天子始郊拜泰一，朝朝日，夕夕月则揖。其祠，列火满坛，坛旁亨炊具。有司云："祠上有光。"又云："昼有黄气上属天。"太史令谈、祠官宽舒等请三岁天子一郊见，诏从之。

转过年来是元鼎五年（前112年），武帝继续祭神、巡游。陇西太守被搞得措手不及，担心无法供应足够的伙食，感到压力无比之大，最终选择自杀。就在前一年，河东郡守也因同样的理由自杀了。[1]

---

[1] 详见前文第149讲。

原文：

南越王、王太后饬治行装，重赍为入朝具。其相吕嘉，年长矣，相三王，宗族仕宦为长吏者七十余人，男尽尚王女，女尽嫁王子弟、宗室，及苍梧秦王有连，其居国中甚重，得众心愈于王。王之上书，数谏止王，王弗听；有畔心，数称病，不见汉使者。使者皆注意嘉，势未能诛。

我们再看南越那边。赵兴母子开始打点行囊，准备到长安朝觐。事情发展到这一步，南越内部的矛盾已经压不住了。

反对派的领袖是南越国的国相吕嘉。吕嘉在南越历经三朝，家族里有七十多人位居要职，势力树大根深。吕家男子娶公主，女儿嫁王子，所以论威望，赵兴母子远不能与其比肩。

在吕嘉看来，南越军民对汉帝国敬而远之，关起门来过自己的小日子才是应有的生存之道，一旦内附，自主权就拱手让人了。但老人家并不冲动，不直接和汉使翻脸，只是一直称病，不与汉使见面，私下里百般劝阻赵兴母子。宋人黄庭坚的诗句"吕嘉不肯佩银印"（《和谢公定征南谣》），用的就是这个典故。

此时，樛太后作为南越太后，相当于已经成了卖国贼，并把自己全副身心都交给了安国少季。这意味着吕嘉虽然对汉使虚与委蛇，其实是在打明牌。汉使对这个老顽固的暗中作梗心知肚明，只不过迫于形势，不便公开翻脸。

盘点一下局面：樛太后忙不迭地对汉使投怀送抱，唯恐卖国卖得不够彻底，但因为有吕嘉的阻挠，始终无法迈出关键一步。吕嘉和汉使都恨不得弄死对方，但表面上依旧维持着一团和气。这个局到底该怎么破呢？

152

出使南越的外交行动是怎么破产的

樛太后破局

原文：

王、王太后亦恐嘉等先事发，欲介汉使者权，谋诛嘉等，乃置酒请使者，大臣皆侍坐饮。嘉弟为将，将卒居宫外。酒行，太后谓嘉曰："南越内属，国之利也；而相君苦不便者，何也？"以激怒使者。使者狐疑相杖，遂莫敢发。

樛太后最有紧迫感，所以甘愿冒险，设一个破局的局。她的计划是打破吕嘉和汉使之间的"一团和气"，激化他们的矛盾，借汉使之手杀掉吕嘉。

这个如意算盘背后的逻辑很清晰：首先，只要吕嘉一死，南越反对派便群龙无首，掀不起多大的风浪；其次，南越一介番邦，国力有限，并不敢真的和汉帝国翻脸，接下来，不管各方意愿如何，南越国将顺理成章地变成汉帝国的"内诸侯"。

于是，樛太后设下鸿门宴，赴宴的既有南越高官，也有汉帝国使团。席间，樛太后突然向吕嘉发难："南越内附汉帝国，是南越人民的幸运，你吕嘉为什么总是从中作梗呢？"她这番话相当于告诉汉使：事情的关键阻力就是你们面前这个老东西，只要做了他，事情就成了。

此话一出，樛太后算是图穷匕见，逼汉使当场格杀吕嘉。然而她万万没有想到，汉使和吕嘉一样被打了个措手不及。双方你看看我，我看看你，全都蒙了。

原文：

嘉见耳目非是，即起而出。太后怒，欲鏦嘉以矛，王止太后。嘉遂出，介其弟兵就舍，称病，不肯见王及使者，阴与大臣谋作乱。王素无意诛嘉，嘉知之，以故数月不发。

吕嘉见势不对，赶紧起身退席。只要他走出这扇门，外面就是由他弟弟统率的卫兵。机不可失，时不再来。樛太后很有决断力，当即抓起一支长矛，准备亲手击杀吕嘉，却被儿子赵兴一把拦住了。

吕嘉就这么有惊无险地全身而退了，然后继续装病，不但不见汉使，连赵兴也不拜见。他明白赵兴的好心，所以一连几个月都安安静静，没有发动叛乱。

再看汉使这边，终军不是夸下海口吗？魏臣不是带着一批勇士时刻准备着吗？路博德不是大军屯驻边境，随时可以里应外合吗？为什么当矛盾突然公开化的时候，只有樛太后一个人杀伐果决呢？这场外交事故到底会如何收场呢？

韩千秋自告奋勇

原文：

天子闻嘉不听命，王、王太后孤弱不能制，使者怯无决；又以为王、王太后已附汉，独吕嘉为乱，不足以兴兵，欲使庄参以二千人往使。

事情汇报到长安，武帝也为难了。如果南越国当真公开翻脸，那还好办些，大不了刀兵相见。但现在国王和太后一心内附，拳拳卖国之心天地可鉴，唯独一个吕嘉作梗而已，如果就这么对南越国开战，实在师出无名。武帝最后的决议是：派庄参带着两千人前去出使。虽然名义上是出使，但两千人规模的使团其实就是一支军队。

原文：

参曰："以好往，数人足矣；以武往，二千人无足以为也。"辞不可，天子罢参。郏壮士故济北相韩千秋奋曰："以区区之越，又有王、王太后应，独相吕嘉为害，愿得勇士三百人，必斩嘉以报。"于是天子遣千秋与王太后弟樛乐将二千人往。入越境。

没想到庄参不肯接这个差事。他说，如果要跟南越和平协商，几个人足矣；如果要武力镇压，两千人根本不够用。

这话倒也在理，但武帝时代从来不缺勇士。韩千秋自告奋勇，说区区一个南越，又有国王和太后里应外合，要对付的只有一个吕嘉而已，他只要三百人就可以斩杀吕嘉，完成使命。

虽然韩千秋夸下海口，但武帝照旧给了他两千人，还派樛太后的弟弟樛乐给他当助手。也就是说，这个半是使团、半是军队的组织，是以汉帝国的名义去南越给樛太后母子撑腰的。

先前吕嘉侥幸逃出鸿门宴，只是继续装病，并没有公开矛盾。他大概一方面在秘密筹划、蓄势待发，另一方面还在寻求和平解决的方案。从吕嘉后续的表现来看，他很清楚，以南越的实力不足以和汉帝国抗衡，最理想的汉越关系就是维持原状，即便最后不得不动武，也要收着力，打有限度的战争。但随着韩千秋和樛乐的入局，摆在吕嘉面前的选择变得很明确了：不反抗就会死。

吕嘉反叛

原文：

吕嘉等乃遂反，下令国中曰："王年少。太后，中国人也，又与使者乱，专欲内属，尽持先王宝器入献天子以自媚；多从人行，至长安，虏卖以为僮仆；取自脱一时之利，无顾赵氏社稷、为万世虑计之意。"

吕嘉算是很能隐忍的老政治家了，直到这个时候才和樛太后母子公开决裂。他通告全国，说国王年纪小，被太后操纵。而太后不但是汉帝国的人，还与使臣通奸，一门心思要出卖南越利益为自己捞好处——既要搜罗先王的宝物去讨好天子，还要带着好多南越人到长安，卖给汉人做奴隶。

这套说辞，堪称动员群众的经典话术。首先，它明确指出了谁是敌人。要想动员群众，矛头应该指向一个具体的、活生生的人，如果要指向几个不同的人，也应该分清主次。试想一下，如果吕嘉说"汉帝国是我们的敌人"，那么老百姓很难对号入座；如果他开列了一长串敌人名单，那么重点就不会突出。

其次，这套说辞充分利用了人类对陌生事物的恐惧心理，在此基础上煽风点火、添油加醋。假如南越国真的成了汉帝国的"内诸侯"，甚至再退一步，成了汉帝国的直辖郡县，南越人的生活状态真的会比原先更糟吗？这还真不好说。但南越老百姓即便一直被本国统治者盘剥、奴役，时间久了，也会习惯成自然。这时候，如果突然改换一个异族政权来统治，他们就会因为未知的变化而感到害怕。吕嘉以自己的崇高威望渲染了这种恐惧，让南越人相信：只要跟随樛太后，就会被卖给汉人当奴隶。

原文：

乃与其弟将卒攻杀王、王太后及汉使者，遣人告苍梧秦王及其诸郡县，立明王长男越妻子术阳侯建德为王。而韩千秋兵入，破数小邑。其后越开直道给食，未至番禺四十里，越以兵击千秋等，遂灭之。

这一回合，吕嘉以有力的动员和果断的政变行动取得了完胜，南越王赵兴、樛太后和汉帝国使团成员全部被杀，其中就包括那位勇于请缨的年轻人终军。终军死时只有二十几岁，所以被世人称为"终童"。（《汉书·严朱吾丘主父徐严终王贾传》）在古人的诗词、文章中，"终童"经常与"贾生"构成对仗关系。比如，晋人潘岳在《西征赋》中提到，"终童山东之英妙，贾生洛阳之才子"。二人都是英年早逝的有志青年，他们的死都令人惋惜。

吕嘉政变成功后，立即立前任国王赵婴齐的长子赵建德为王。赵建德不但是赵婴齐的长子，而且母亲是南越人，在南越的政治基础比赵兴牢固得多。

一切结束之后，韩千秋的两千人才刚刚入境。

按理说，时局已经变了，不再存在"里应外合"这个选项，韩千秋原定的战略方案即使有效，也已经失效了。然而，韩千秋可能是立功心切，还是选择了动武，接连攻破了南越国的几座小城镇。南越的应对方案很巧妙。他们不但将道路让了出来，还为韩千秋的军队供应饮食，就这样不断诱敌深入，最后在番禺以外四十里成功打了一场歼灭战。

原文：

使人函封汉使者节置塞上，好为谩辞谢罪，发兵守要害处。

事情到了这个地步，吕嘉的善后工作堪称教科书级别：他封装好汉使的符节，放在边境，还说尽软话向汉帝国赔礼道歉。同时，他调兵遣将，加强各个边境要塞的守备。汉帝国假如在吃了这个闷亏后并不想把事态扩大，那就可以借坡下驴，要求南越交出几个替罪羊，事情就算翻篇了，从此汉越关系恢复如初。

站在南越的角度，这确实是最好的策略了，但偏偏他们的对手是汉武帝。以武帝的风格，他就算赔本也要赚吆喝，怎么可能咽下这口气呢？

汉武帝元鼎五年至六年

---- 153 ----

武皇开边做了哪些准备工作

武帝发兵

原文：

春，三月，壬午，天子闻南越反，曰："韩千秋虽无功，亦军锋之冠，封其子延年为成安侯；樛乐姊为王太后，首愿属汉，封其子广德为龙亢侯。"

武帝决定做大动作。当年春三月，他先做了预热，说韩千秋虽然没能立功，但打出了军威，所以封韩千秋之子韩延年为成安侯。至于樛乐，因为他的姐姐作为南越王太后，第一个愿意归属汉帝国，所以封樛乐之子樛广德为龙亢（gāng）侯。以今天的观念来理解，这相当于给了韩延年、樛乐烈士身份，给其家属以烈属待遇。

烈士当然不能白死，下一步就该是正义感爆棚的军事行动了。

原文：

夏，四月，赦天下。

丁丑晦，日有食之。

秋，遣伏波将军路博德出桂阳，下湟水；楼船将军杨仆出豫章，下浈水；归义越侯严为戈船将军，出零陵，下离水；甲为下濑将军，下苍梧；皆将罪人，江、淮以南楼船十万人。越驰义侯遗别将巴、蜀罪人，发夜郎兵，下牂柯江，咸会番禺。

《资治通鉴》记载，夏四月，赦天下，有日食发生。秋天，几路大军浩浩荡荡杀奔南越。

司马光没讲清楚的是，"赦天下"并不是无缘无故的，而是讨伐南越的必要前奏。这种套路早在秦朝就有了——需要打仗的时候就赦免囚徒，让他们上战场立功赎罪。汉承秦制，也是这种做派，其背后的逻辑很简单：使功不如使过。这是汉武帝特别得心应手的管理技巧——轻易给人定罪，再恩赐给人一个戴罪立功的机会。这样一来，违法犯罪的人越多，可用的人力资源就越多，这些人的干劲也就越足。理解了这个逻辑，我们就能明白，为什么在法家思路的社会里，轻罪重罚对于统治者特别有吸引力。

那年秋天，伏波将军路博德出桂阳，下湟水；楼船将军杨仆出豫章，下浈水；戈船将军归义越侯严出零陵，下离水；下濑将军甲下苍梧。这些将军各自统率一批被赦免的罪犯，在江淮以南集结十万大军分进合击。除此之外，还有越驰义侯遗统率巴蜀两地的罪犯，同时征发夜郎兵，下牂柯江。一共五路大军，约定在番禺会师。

那么问题来了：罪犯真的有这么多吗？夜郎兵怎么会服从汉帝国的调度呢？作为军队主将的归义越侯严、下濑将军甲和越驰义侯遗，名字为什么这么奇怪，他们到底是什么人物呢？

经营南方

我们一一来看。第一，汉帝国真的有能力征调夜郎兵了，当初唐蒙的战略构思得以成真。回顾一下，早在十八年前的元光五年（前130年），唐蒙出使南越，吃着蜀郡来的枸酱，心里串起了一条完整的行军路线：如果从蜀郡可以很方便地抵达夜郎，从夜郎又可以利用牂牁江的航运能力顺流而下，岂不是可以大军压境，直捣番禺，轻松拿下南越国吗？[1]多年经营之下，这个宏伟的构思真的实现了。

第二，五路大军当中，有楼船将军杨仆的名字。这才是杨仆在这个历史时期的首次亮相，所以"杨仆移关"的说法[2]可能并不合乎史实。

第三，五路大军的统帅中，汉人只有路博德和杨仆两人，另外三个从封号来看，应该全是归顺过来的越人。他们到底出身于越人当中的哪一支，史料并没有给出确切记载，但大概率是当年内附过来的东瓯首领。[3]

第四，罪犯实在太多了。一个赦令下来，就把十万名罪犯动员成为十万大军，武帝时代的政治环境可见一斑。这还只是就近征发的罪犯，并不是当时汉帝国的全部罪犯。后来武帝东征朝鲜也是照方抓药，动员了许多死刑犯，这是后话。总之，武帝连年用兵，罪犯（尤其是死刑犯）构成了兵源的主体部分。何兹全

---

[1] 详见前文第084讲。

[2] 详见前文第148讲。

[3] 详见前文第067讲。

先生总结道:"以刑徒从军,是秦汉的传统,以刑徒戍边实边,也是秦汉的传统。从秦末统一前,到两汉时期,以刑徒从军打仗、戍边、实边一直是存在的。有时三者又是合一不分的。"(何兹全《中国古代社会》)

第五,五路大军分进合击,以今天的行政区划来说,是分别从湖南、贵州、江西、广西出发,主要走水路,在广东省广州市会师。这是秦始皇无法做到的。秦始皇当初为了越过岭南进行南征,煞费苦心地开凿灵渠,但最终并未能完全控制岭南地区。而汉帝国经过多年的经营,从刘邦和吕后时代视南征为畏途,终于变成了可以多管齐下的局面。这个变化到底是怎么实现的,史料并没有详细交代。回想一下,武帝执政初期,为了应对越人内斗,曾纠结是否武装干涉。淮南王刘安还写了一篇洋洋洒洒的《上书谏伐南越》,提到早年隆虑侯周灶远征南越,刘安的父亲刘长派兵助战,仗还没打就有超过一半士兵死于水土不服,给无数家庭造成悲剧。[1]刘安是想劝武帝正视困难,不要自讨没趣。然而,武帝用成功的事实打了刘安的脸,然后接纳东瓯内附,派唐蒙、司马相如通西南夷……他那东一榔头西一棒槌的打法,最终在南越事件上汇成合力。

---

[1] 详见前文第072讲。

天下莫应

原文：

齐相卜式上书，请父子与齐习船者往死南越。天子下诏褒美式，赐爵关内侯，金六十斤，田十顷，布告天下；天下莫应。

除了这五路大军之外，还有人自告奋勇要去南越。这个人我们并不陌生，他就是牧羊人出身的卜式，当时正在担任齐相。

卜式先前通过捐赠家产来表现出高风亮节，这次他更进一步，上书给武帝说："我听说主忧臣辱，如今南越造反，我愿意父子齐上阵，和齐地熟悉行船的人一起上前线拼命！"

卜式所谓的"主忧臣辱"，严格来说形容的是主奴关系：皇帝作为主子，一旦有了烦心事，就说明奴隶没能及时为主子分忧，这是可耻的。在集权体制中，最爱培养的就是忠君意识，而这种忠君意识本质上就是要建立一种主奴关系。称职的奴隶不但要为主子分忧，更要有积极主动、唯恐落后的觉悟。如果人人都有这种觉悟，那皇帝可就太享福了。所以不难想见，武帝对卜式的这封上书特别满意，赶紧下诏褒奖，又是封侯，又是赏金，盛赞卜式精神可嘉。但这份好意皇帝心领了，卜式人就不用去了。

武帝表彰卜式的用意很明确，那就是用一个榜样带动千千万万个效法者，全国人民齐心协力打南越，有钱的出钱，有力的出力。然而，现实再一次浇了武帝一瓢凉水——当年武帝表彰卜式捐钱时就已经冷场过一次，这一次依旧无人响应。

原文：

是时列侯以百数，皆莫求从军击越。会九月尝酎，祭宗庙，列侯以令献金助祭。少府省金，金有轻及色恶者，上皆令劾以不敬，夺爵者百六人。辛巳，丞相赵周坐知列侯酎金轻，下狱，自杀。

老百姓觉悟低就不说了，但看看天下彻侯，乌泱泱不下几百人，几乎都是功臣之后、国家股东，却没有一个人响应朝廷的号召，这可把武帝气得不轻。正值一年一度的宗庙祭祀大典，王侯们要齐集长安，还要为祭祀大典凑份子。份子钱有一个专门的名称——"酎金"。武帝命令少府以鸡蛋里挑骨头的精神严查酎金品质，谁的金子成色不好，就以"不敬"的罪名弹劾谁。就这样，有一百零六人因为这个罪名被剥夺了侯爵头衔。丞相赵周还被问了个失察罪,自杀了。

原文:

丙申,以御史大夫石庆为丞相,封牧丘侯。时国家多事,桑弘羊等致利,王温舒之属峻法,而儿宽等推文学,皆为九卿,更进用事;事不关决于丞相,丞相庆醇谨而已。

赵周虽然官拜丞相,但没有太大的存在感,他的继任者石庆也延续了谨小慎微的风格,同样没有存在感。当时国家多事,桑弘羊、王温舒、儿宽这些人位列九卿,各自独当一面,并不会请石庆拿主意。

原文:

五利将军装治行,东入海求其师。既而不敢入海,之太山祠。上使人随验,实无所见。五利妄言见其师,其方尽多不雠,坐诬罔,腰斩;乐成侯亦弃市。

在这个多事的年景里,还发生了一个小插曲:那个把武帝骗得七荤八素的栾大终于引起了武帝的怀疑,最后骗术破产,被腰斩处死,他的推荐人也一起被杀了。然而,武帝求仙的念头并没有因此打消,正像清人管世铭说的那样:"文成已诛栾大死,武皇长生心未

已。黄金仙药两无成,犹进铜盘一杯水。"(《汉通天台金铜仙人歌》)

原文:

西羌众十万人反,与匈奴通使,攻故安,围枹罕。匈奴入五原,杀太守。

到了这一年的年末,南越问题还没解决,西羌又出事了。西羌也称羌,这一时期主要在今天青海一带活动。在汉帝国打通河西走廊之前,西羌一直是匈奴的盟友。等到张骞凿空,河西走廊被汉帝国收入囊中,这就相当于切断了羌人和匈奴的联系。作为匈奴的老朋友,羌人不干了,发动了一场十万人规模的军事行动,还恢复了与匈奴之间的外交活动。

南越未平,西羌又起,汉帝国该怎么办呢?

平定西羌

原文:

(六年)

冬,发卒十万人,遣将军李息、郎中令徐自为征西羌,平之。

时间进入元鼎六年（前111年），汉帝国发动十万大军，由李息、徐自为担任统帅，迅速平定了西羌之乱。《资治通鉴》没有讲的是，平定西羌打的是一场有限度的战争，并不像对付匈奴时那样狠，又抢地盘又屯田的。按照史学家管东贵先生的说法，汉帝国这次对羌人以安抚为主，只是设置了护羌校尉，并没有趁机搞屯田。（管东贵《汉代的屯田与开边》）《后汉书》还记载，羌人从此离开了湟中地区，迁至西海和盐池周边，汉帝国因利乘便，根据山势修建要塞，逐渐充实人口。（《后汉书·西羌传》）

西羌问题将来还会有很大的戏份，现在我们转入主线剧情，来看南越的胜败。

汉帝国派出的五路大军气势汹汹杀奔南越，但老问题又出现了：在分进合击式的打法中，要想每一支军队都能在规定时间到达规定地点，其实很不容易。虽然打南越看上去比打匈奴容易，因为南越人是定居生活，国都番禺并不会跑，但计划还是赶不上变化。

154

南越政权是怎么灭亡的

杀奔番禺

原文:

楼船将军杨仆入越地,先陷寻陿,破石门,挫越锋,以数万人待伏波将军路博德至俱进,楼船居前,至番禺。

汉帝国五路大军分进合击,楼船将军杨仆率先到位。一路上,他不但连败南越军,还截获了南越的运粮船,一切顺遂。现在,他率着几万大军在约定地点等待其他几路人马。第二个到位的是伏波将军路博德。他之所以到得晚,没有其他原因,仅仅是因为他的行军路线更长。《资治通鉴》这段记载的原始素材来自《史记·南越列传》,但《史记》的文本很难读通,司马光应该是没办法,只好做了删改,存其大略。如果硬要把《史记》这段文字捋顺,大概意思应该是:路博德的军队似乎并没有全部到位，只到了约一千人。有了杨仆的几万大军和路博德的千把人，虽然理论上勉强可以对南越首府番禺形成夹击之势，但时机显然还不够成熟。除了路博德一军的主力还没到位，五路大军的另外三路此时此刻也还在路上，不知道什么时候才能到达指定地点。那么问题来了：到底是等人齐了再开打呢，还是充分利用现有资源，赶紧动手？

原文：

南越王建德、相吕嘉城守。楼船居东南面，伏波居西北面。

南越首府番禺位于今天广东省广州市的越秀区，当时正在由吕嘉和新任南越王赵建德坚城固守。杨仆和路博德商量后，决定不再等待，立刻动手。

他们二人分工协作，杨仆先挑选了最有利的地形，驻军在番禺东南，路博德驻军在番禺西北，表面上对孤城番禺形成了两面夹击的态势。

但前面提到了，杨仆麾下的几万人因为提前到位，休整得比较充分。而路博德麾下只有寥寥千把人，还刚刚经历长途跋涉，他们要怎么跟杨仆的队伍打配合呢？

其实，从排兵布阵和接下来的打法看，杨仆的意图很明显，就是要趁着路博德主力未到、先头部队喘息未定的时候，自己把功劳抢下来。所以，他不仅抢占了有利地形，还在当天黄昏时分就迫不及待地发动攻击，纵火烧城。

千夫为吏

这里我们先离开《资治通鉴》，简单交代一下杨仆的出身。

虽然杨仆是武帝一朝的风云人物，但《汉书》并没有给他单独立传，而是把他写进了《酷吏传》。也就是说，虽然杨仆一生主要干的是领兵作战，但他头上的标签不是名将，而是酷吏。因为做酷吏做得很成功，受到武帝的赏识，所以他才当上了将军。那么，杨仆先前是怎么当上酷吏的呢？说起来更不体面，他是"以千夫为吏"。

前文讲过，就在卫青、霍去病大展雄图的年景里，汉帝国财政告急，连常规的卖官鬻爵也不能解燃眉之急。于是，武帝设置了一种全新的爵位——武功爵。我们通过史料大体可以知道，不管是谁，只要花得起钱，就可以购买这个爵位，而只要爵位达到"千夫"这个级别，就可以享受授官的优先权。换句话说，只要有空缺的职位，朝廷就会优先授予有"千夫"爵位的人，而不考虑这个人是否称职。[1]

杨仆就是武功爵政策的受益者。他花钱买到了爵位，以千夫爵位进入了仕途，并且表现得特别称职，从此扶摇直上，做到了主爵都尉，这已经是九卿级别了。这次南征，杨仆被授职为楼船将军。这是他第一次领兵作战。以杨仆的为人，他无论如何都要把这份军功抢到手里。

路博德则与杨仆不同。他是百战名将，曾任边郡太守，追随霍去病北征匈奴，以军功封侯，在军界的威望和资历远不是杨仆能比的。

但在番禺城外，怎么看怎么是形势比人强。任凭路博德再有威望和本事，毕竟抓了一手太烂的牌，而且牌友还特别急功近利、不守规矩，他又能怎么办呢？

路博德招降

原文：

会暮，楼船攻败越人，纵火烧城。伏波为营，遣使者

[1] 详见前文第114讲。

招降者，赐印绶，复纵令相招。楼船力攻烧敌，驱而入伏波营中。黎旦，城中皆降。建德、嘉已夜亡入海，伏波遣人追之。校尉司马苏弘得建德，越郎都稽得嘉。戈船、下濑将军兵及驰义侯所发夜郎兵未下，南越已平矣。

路博德竟然真的想出了办法。正值夜晚，番禺城内看不清楚外面的兵力情况，这种时刻，他的声望就是最强的武器。于是，路博德非但没有和杨仆搞两面夹击，反而好整以暇，派使者带着官印去招降，表现出十足的诚意。这样一来，杨仆的一连串处心积虑都变成了为人作嫁。

站在番禺城内南越人的角度，城外分明就是冰火两重天：东南方向是从没听过的杨仆将军，大军才到城下就趁夜强攻，还放了那么大的火，显得格外凶神恶煞。而西北方向是久闻大名的路博德将军，人家不但不动粗，还和颜悦色地封官许愿。在这个事关生死存亡的转折点上，如何选择显而易见。就这样，番禺军民一夜之间都投降了路博德，只有赵建德和吕嘉趁着夜色的掩护，带着几百人逃亡入海。史料并没有记载杨仆在这个时候有多恼气，不过，既然赵建德和吕嘉逃了，东隅已逝，桑榆未晚，立大功的机会还在。但问题是，既然番禺军民都投降了路博德，那么赵建德和吕嘉到底逃向了哪个方向、带着多少人，这些关键性的情报路博德显然会在第一时间获知。结果，擒获赵建德和吕嘉的都是路博德的手下。(《史记·南越列传》)

南越灭亡

原文：

遂以其地为南海、苍梧、郁林、合浦、交趾、九真、日南、珠崖、儋耳九郡。师还，上益封伏波，封楼船为将梁侯，苏弘为海常侯，都稽为临蔡侯，及越降将苍梧王赵光等四人皆为侯。

番禺之战只打了短短一夜，另外三路大军还没到位，南越就已经在汉帝国的掌控之下了。所有功臣和助汉有功的南越投降首领都得到了大笔封赏，由赵佗建立的南越政权就此灭亡，享国九十三年。

这是"武皇开边"的又一项成就。武帝将南越全境收入囊中，划分为南海、苍梧、郁林、合浦、交趾、九真、日南、珠崖、儋耳九郡。用社科院考古研究所的一句话概括："中南半岛东北部地区随着交趾、九真、日南三郡的设置而进入汉王朝郡县的直接管理之

下。"(中国社会科学院考古研究所《中国考古学·秦汉卷》)

林剑鸣先生在《秦汉史》里这样介绍南越九郡的地理位置:"南海（治番禺，今广东省广州市）、郁林（今广西桂平西，治所布山）、合浦（治所合浦，今广东合浦北）、珠崖（治所瞫都，今广东琼山东南）、儋耳（治所在今海南岛儋州西北）、苍梧、交趾、九真、日南郡。"(林剑鸣《秦汉史》)

回顾南越从赵婴齐娶邯郸樛氏女到最后亡国的这段历程，金朝文士朱之才有一首七言排律概括了始终：

南越太后邯郸女，皓齿明眸照蛮土。
珊瑚为帐象作床，锦伞高张击铜鼓。
太液池内红芙蓉，自怜谪堕蛮烟中。
灞陵故人杳无耗，深宫独看南飞鸿。
随儿作帝心不愿，惟愿西朝柏梁殿。
茂陵刘郎亦可人，遣郎海角来相见。
金猊夜燎龙涎香，明珠火齐争煌煌。
番禺秦甸隔万里，今夕得遂双鸳鸯。
白首相君佩银印，干戈欲起萧墙衅。
莫言女子无雄心，置酒宫中潜结阵。
汉家使者懦且柔，纤手自欲操霜矛。

孤鸾竟落老枭手，可怜空奋韩千秋。

楼船戈鋋师四起，或出桂阳下漓水。

越郎追斩吕嘉头，九郡同归汉天子。

尉佗坟草几番青，霸业犹与炎洲横。

玉玺初从真定得，黄屋却为邯郸倾。

五羊江连湘浦竹，娇魂应伴湘娥哭。

——《南越行》

这首诗有点长，但如果你看过前文的内容，知道南越亡国的始末，那你至少可以读懂七八成。下面我把诗句中的生僻词再给你梳理一下。

"灞陵故人"是指樛太后的前男友安国少季。"茂陵刘郎"指的就是武帝刘彻——武帝的陵墓称为茂陵。"白首相君佩银印，干戈欲起萧墙衅"说的是吕嘉，三朝元老，一把年纪，不愿意接受汉帝国的银印。"玉玺初从真定得"这一句追溯南越的开国史，第一任南越王赵佗本是真定人。最后的"五羊江连湘浦竹"，"五羊"典出《续南越志》，传说五位仙人骑五色羊降临，直到今天，广州市依然留存有"五羊城"这个别名。"湘浦竹"指的是传说中的湘妃竹——舜帝死在南巡途中，他的两个妃子娥皇、女英闻讯赶来，在湘江岸上痛哭失声，泪水溅湿了江畔的竹子，竹干斑斑点点，因此被称为斑竹。诗句的意思是，樛太后机关算尽，要给自己孤儿寡母谋福利，哪里想到铸成悲剧。假如樛太后泉下有知，应该会跟娥皇、女英一起失声痛哭吧。

你会发现，只要把历史读透、读扎实，读古代文学作品时其实没有太多难点可言。文史哲不分家，就是这么一回事。

155

李延年是怎么一步步上位的

这一讲我们继续留在武帝元鼎六年（前111年）。南越事件虽然顺利解决了，但武帝的求仙大业一直在原地踏步。仅仅开疆拓土远远不能满足武帝的欲念，他的征途是星辰大海。

原文：

公孙卿候神河南，言见仙人迹缑氏城上。春，天子亲幸缑氏城视迹，问卿："得毋效文成、五利乎？"卿曰："仙者非有求人主，人主者求之；其道非宽假，神不来。言神事如迂诞，积以岁月，乃可致也。"上信之。于是郡、国各除道，缮治宫观、名山、神祠以望幸焉。

栾大死后，最受宠的江湖术士就是公孙卿了。其实公孙卿的伎俩和话术还是老一套，而武帝在接连杀了少翁、栾大之后，对公孙卿所说也是半信半疑。但由于武帝对求仙的执念太深,生怕错过了真仙,所以最后他还是按照公孙卿的方案去折腾天下郡国了。

赛南越

原文:

赛南越,祠泰一、后土,始用乐舞。

《资治通鉴》的下一条记载与祭祀有关,但引出的问题非常复杂,包括乐府的成立时间和性质、五言诗的出现时间、瑟的样式等。对此,古今学者提出了各种观点,发表了大量论文。下面我将一一介绍这些问题,有些问题上我会择善而从,而对于那些尚无定论的问题,我就谈谈一家之言。

"赛南越"中的"赛",相当于今天讲的"还愿"。而既然还愿,一定是因为事前在神灵面前许过"顺利平定南越"的愿望。许愿的事情,《资治通鉴》前文没提到,所以当这里突然出现一个还愿的动作时,读者可能会感到困惑。

前一年里,武帝许愿的对象并不是列祖列宗,而是太一神。(《汉书·郊祀志上》)

皇帝对太一神的祭祀起自二十二年前的元光二年

(前133年),当时谬忌上书,称太一神是天神当中最尊贵的大神,青帝、白帝等五色天帝都只是他的助手。武帝完全听信了这些言论。[1] 既然南越问题顺利解决,而且结果比预期还要好,那当然要向太一神还愿,这才有了当下"祠泰(太)一、后土"这回事。

新问题是:相比二十二年前,祭神的方式是否应该有所迭代?

始用乐舞

应该迭代,所以《资治通鉴》原文提到了"始用乐舞",从此有了载歌载舞的祭神方式。

但你可能会问,难道以前祭神就没有音乐和舞蹈吗?确实,从原始社会以来,祭神就是载歌载舞的。

参照《史记》和《汉书》的记载,其中原委可能是这样:宗庙祭祀一直都有配套的礼乐班子,上级主管单位是太常。但祭祀太一和后土属于武帝时代新兴的郊祀礼,所以才没有礼乐班子。

前文讲过,主父偃被杀的那年,武帝想让蓼侯孔臧补张欧的缺,但孔臧推辞说:"我的专业领域是儒家

---

[1] 详见前文第078讲。

经典，不如让我做太常，管理祭祀事宜"[1]通过孔臧所说，我们能够知道，管理祭祀需要儒学专家，他们掌握着一整套烦琐的儒家礼乐专业知识。只是，在儒家传说中从来就没有太一这尊神，该拿怎样的礼乐标准来祭祀他呢？

可想而知，无论采用哪一套礼乐，严格来说都属于非礼。所以，很可能是因为这个原因，祭祀太一神一直都没有配套的音乐和舞蹈。

至于才兴建不久的后土祠，配套制度还没跟进其实并不奇怪。而且，就算儒家有祭祀后土的正规标准，像武帝这样把后土和太一配成一对来祭祀，到底还是非礼了。

宦官李延年

从这个角度来看，武帝祭祀太一和后土，既需要新部门，也需要新班底。刚好，武帝的床头有一个适合做这件事的人，那就是宦官李延年。

今天提起李延年，人们首先想到的是他汉乐府领袖、西汉首屈一指的音乐大师身份，但在《史记》和

---

[1] 详见前文第107讲。

《汉书》里，李延年被写进了《佞幸传》，相当于被钉在了历史的耻辱柱上。李延年出身于一个演艺世家，从父母到兄弟全是歌舞艺人，这在古代社会属于贱业，特别让人看不起。后来，李延年因为犯法，被处以腐刑。既然被阉割了，他就顺势入宫做宦官，供职狗监，替皇帝养狗。这样一看，李延年简直把当时所有被主流社会歧视的因素都占齐了，肯定活得生不如死。(《汉书·佞幸传》)

但事实上，李延年过得并不差，这完全得益于他卓越的演艺素质，不仅能歌善舞，还有出色的作曲天赋，又很会搞创新，因此深受武帝青睐。某一天，李延年在武帝面前表演歌舞，唱了一首新歌，歌词非常动人：

北方有佳人，绝世而独立。

一顾倾人城，再顾倾人国。

宁不知倾城与倾国，佳人难再得。

这首歌描绘了一位来自北方的高冷美女，"倾国倾城"这个成语也由此而来。第五句"宁不知倾城与倾国"中的"宁不知"，是唱歌时临时加上去的衬字，所以，在古代诗歌选本《玉台新咏》中，这首诗的第五句被直接写成了"倾城复倾国"。

这样一看,它不就是一首五言诗吗?所以,这篇歌词——有叫《李延年歌》的,也有叫《佳人歌》的——很可能是中国历史上有史可查的第一首五言诗。在它之前,主流诗歌体裁要么是《诗经》那种四言诗,要么是《楚辞》那种时不时带个"兮"字的杂言诗。(逯钦立《汉诗别录》)

武帝被这首歌深深打动了,长叹一声:"世间真有这样的美女吗?"这一次又是平阳公主居间牵线,推荐了李延年的妹妹。(《汉书·外戚传上》)就这样,李延年的妹妹成为武帝的新宠,人称李夫人。(《汉书·佞幸传》)

当年卫子夫从奴隶成为皇后,一家人鸡犬升天,还出了卫青这样一位大将军。后来卫子夫年老色衰,武帝的宠爱先是转移到王夫人身上,王夫人早逝之后,接替王夫人的就是这位李夫人了。(《史记·外戚世家》)

李延年原本就会讨武帝的欢心,等到李夫人得宠后,以武帝一贯爱屋及乌的风格,李延年就开始大红大紫。

当然,就算武帝用人唯亲,这些亲贵也都不是泛泛之辈——李延年确实很有文艺才华,作词谱曲总能推陈出新，那首《佳人歌》就是一个铁证。

礼乐改革

眼下的问题是：南越事件完满解决了，该还愿了。李延年不失时机地创作了动听的祭神新曲目，武帝很喜欢。当然，事关朝廷大典，有必要召开一个高级干部会议商量一下。武帝抛出的议题是：民间祭神都载歌载舞，咱们朝廷搞郊祀，反而没有配套的音乐，这不合适吧？朝廷里早已没有汲黯那样的人了，大家听武帝这么说，不但纷纷附和，还帮武帝找理由，说这是古来就有的规矩。但是，搞一言堂肯定不合适，朝臣们要怎么才能既显得各抒己见，又不会拂了皇帝的兴致呢？

很简单，在细节上下足功夫。所以有人提议，瑟这种乐器必须改，从五十弦改成二十五弦。他给出的理由很正当：当初泰帝使素女鼓瑟，认为乐声太悲伤了，所以破五十弦为二十五弦。

所谓泰帝，就是这一次武帝要还愿的对象太一。（钱宝琮《太一考》）这样的意见没有理由不赞同，所以从此之后，祭祀太一和后土就开始有配套的歌舞了，二十五弦瑟和箜篌瑟也是从这个时期开始应用的。

以上记载出自《史记》，但《史记》的原文很不明朗，让历代学者花费大量精力进行考证。而考古发现让我们知道，汉朝以前的古瑟就已经是二十五弦的形制居多。（张哲俊《〈史记〉"筝筷瑟"的校勘与卧筝筷的形制》）无论如何，这个神奇的故事成了一个文化语码，后来才有了李商隐"锦瑟无端五十弦"的诗句。而我们当下应该关注的重点是，太一和后土的祭祀不再归一本正经的太常管了，而是由李延年全权负责，有歌有舞，有创新，有迭代。

根据《史记》的记载，每年的正月上辛日是武帝祭祀太一的标准时间，仪式在黄昏时分开始，到第二天天明结束。有祭祀活动的夜晚，人们经常会看到流星划过祠坛之上的夜空。童男童女七十人唱歌，不同的季节有不同的歌曲——春天唱《青阳》，夏天唱《朱明》，秋天唱《西皞》，冬天唱《玄冥》。（《史记·乐书》）

这就是武帝时代祭祀礼乐和音乐文化生活的一个切面，虽然在司马光眼里毫无资治意义，却有助于现在的我们了解当时的社会风貌。《史记》还特别提到，这些歌曲流传很广，所以就不予记载了。（《史记·乐书》）这就意味着，李延年创作的祭神歌曲变成了当时的流行歌曲，传唱度很高。这倒是一件很有意思的事情。

156

南越事件有怎样的余波未了

这一讲我们继续留在武帝元鼎六年（前111年），来看看南越事件的余波。

原文：

驰义侯发南夷兵，欲以击南越。

当初五路大军讨伐南越，其中一路是由越驰义侯遗统率巴蜀两地的罪犯，同时征发夜郎兵，下牂柯江。[1] 作为主将的这位"越驰义侯遗"，"越"表示他的出身是越人，但越人号称百越，族群众多，我们不清楚他具体是哪一族，只能大致推测他是从东瓯归顺来的越族首领，因此受封为"驰义侯"。

"驰"有"向往"的意思，"驰义"可以理解为

---

[1] 详见前文第152讲。

"向往真理"。古代中国的传统里，政权的内外之别就是华夏和蛮夷之别、文明和野蛮之别、正义和邪恶之别、真理和谬误之别。所以，有外族首领来投奔时，汉帝国授予他们的封号通常是"归义""驰义"之类，这是为了先在名义上把正和邪区分清楚。这位驰义侯名字叫"遗"，姓不详。

前面提到，越驰义侯这支军队的主要部分是巴蜀两地的罪犯，次要部分是夜郎兵。这种构成体现了宗主国和藩属国的关系——宗主国出兵作战时，藩属国有义务出兵协同。从这段简短的记载来看，当时的夜郎依然处于部落林立的状态，汉帝国还没有能力对这片地区实行直接管理。

且兰国叛乱

原文：

且兰君恐远行旁国虏其老弱，乃与其众反，杀使者及犍为太守。

既然部落林立，难免人心不齐，且（jū）兰国的国君开始担心，要是把本国青壮年调动起来跟着汉军去打南越，而邻国乘虚而入，那可怎么办？

且兰国君的对策是：不如联络周边国家，一起反了吧。

反叛事业旗开得胜，不但杀掉了汉使，还杀掉了犍为太守。

那么问题来了：且兰国虽然说起来是个国，其实不过是山区里的一个部落，能够联合的也只是周边的山区部落而已。凭它们的实力，怎么可能杀得掉当地的郡太守呢？

此处需要做一点前情回顾：十五年前的元朔三年（前126年），汉帝国终于难以承受四面八方同时开疆拓土的压力，开始抓重点。西夷部分，也就是司马相如的责任区，彻底停工；南夷部分，也就是唐蒙的责任区，只保留两个县，设置一名都尉，勉强维持犍为郡的建制；国家全力以赴营建朔方城来对付匈奴。[1] 所以，虽然犍为郡名义上是汉帝国的新增版图，但汉帝国一直没能对它实施有效管理。太平年景里，大家可以相安无事，而一旦出现变量，压力增加，变故就在所难免。不过，且兰国王的失策在于身处偏僻山区，眼界狭窄，情报滞后，不知道如今的汉帝国已经基本解除了北方边患，可以全力应对南方了。

---

[1] 详见前文第111讲。

原文：

汉乃发巴、蜀罪人当击南越者八校尉，遣中郎将郭昌、卫广将而击之，诛且兰及邛君、莋侯，遂平南夷为牂柯郡。夜郎侯始倚南越，南越已灭，夜郎遂入朝，上以为夜郎王。冉駹皆振恐，请臣置吏，乃以邛都为越嶲郡，莋都为沈黎郡，冉駹为汶山郡，广汉西白马为武都郡。

汉帝国的反应特别迅速，立即从越驰义侯遗所统率的巴蜀罪犯兵团当中抽调人手，很快稳定了局面，南夷地区从此成为汉帝国直辖的牂柯郡。

这还没完，夜郎国君原先背靠南越国这棵大树，南越一灭，他就失魂落魄地到长安朝觐，被封为夜郎王。西南各部族见状都怕了，主动请求归附，成为汉帝国的直辖郡县。就这样，汉帝国又新增了越嶲（xī）郡、沈（chén）黎郡、汶山郡和武都郡。

《资治通鉴》这段记载中的地理和行政区划很难懂，实际情况也确实很复杂，其中牵涉到原有行政区的重新规划——牂柯郡的一部分是从犍为郡划出来的。简单概括一下，大约就是今天四川省和贵州省的地界全部归入汉帝国的版图了。

骆馀善称帝

原文：

初，东越王馀善上书，请以卒八千人从楼船击吕嘉；兵至揭阳，以海风波为解，不行，持两端，阴使南越。及汉破番禺，不至。

当时，今天福建省境内的地区也在深刻感受着南越事件激起的涟漪。五路大军讨伐南越时，东越王骆馀善向武帝上书，愿意率军八千人追随楼船将军杨仆。这位东越王，严格来说是闽越的首领，其王位的来路不太正当，我在前文提到过。[1] 骆馀善似乎很想借机表现，但实际上，他只是口头说得漂亮，行军到揭阳时便借口海上风浪太大，按兵不动。骆馀善一直首鼠两端，在停止进发的同时，还派出使臣与南越秘密联络。就这样，直到南越国灭亡，骆馀善自告奋勇带来的八千精兵都没能和汉军顺利会师。

原文：

杨仆上书愿便引兵击东越；上以士卒劳倦，不许，令

---

[1] 详见前文第072讲。

诸校屯豫章、梅岭以待命。

可想而知，杨仆作为五大军团统帅当中最卖力的一位，对骆馀善肯定很不满。因此，杨仆趁着战胜的余威，向武帝建议干脆搂草打兔子，吞并骆馀善的闽越政权。但武帝没有答应，只是让杨仆军团就地休整待命。

骆馀善那边不知道通过什么渠道知道了杨仆的打算，又看到他没有班师回朝，便开始疯狂脑补各种可能性。他后续的反应其实不难预测——先下手为强。

原文：

馀善闻楼船请诛之，汉兵临境，乃遂反，发兵距汉道，号将军骆力等为吞汉将军，入白沙、武林、梅岭，杀汉三校尉。

今天我们读这段历史，如果可以抛开情感和意识形态因素，纯从战术角度复盘，就会发现，无论是西南夷部落还是百越部落，光凭实力和汉帝国对决纯属以卵击石。他们的唯一胜算是采取守势，让汉军在南方酷热潮湿的天气和举步维艰的山区地形中自我消耗，最后不战而退。

但问题在于，西南夷和百越的首领即便明白这个道理，也不得不和汉军作战。因为他们一旦采取退守战术，就相当于给了身边的野心家以口实——在野心家们的渲染下，明智的战术反而变成了胆小怯战的证据，而统治者只要被贴上胆小怯战的标签，统治力和统治合法性便会随之烟消云散。也就是说，只要统治者没有能力让民众相信自己的退守策略并不是胆小怯战，那么奋勇出击就成了他们必然而无奈的选择。

原文：

是时，汉使大农张成、故山州侯齿将屯，弗敢击，却就便处，皆坐畏懦诛。馀善自称武帝。

骆馀善首战告捷，迫使汉军采取守势。汉军的两名前线指挥官被控胆小怯战，论罪处斩。至于指挥官冤不冤，有没有做出正确的判断，这是战术层面的问题。而站在武帝的角度，他关心的是战略层面的胜负——无论如何都不能折了大汉帝国的国威。前线将士哪怕是飞蛾扑火，也必须扑上去。当然，杀掉两名指挥官，也是杀鸡儆猴的管理手段，可以给下一任指挥官施加足够的心理压力。

骆馀善挟战胜之威，自称武帝。名号上的问题比军事上的胜负更敏感，骆馀善走出这一步，汉武帝就算想息事宁人也找不到台阶下了，双方只能一决胜负。

同一时间，杨仆的军队还在南方待命，可以就近发动南征。但杨仆原先提出顺势把闽越国吞并的建议，武帝未采纳。现在骆馀善耀武扬威，逼得武帝不得不派杨仆南征，杨仆的心态很可能是："早不听我的良言相劝，现在知道我说对了吧？"部将如果有这样的心态，皇帝作为最高统治者的权威性就会不可避免地受到动摇。

武帝一贯的管理风格在这种情况下显露无遗。一言以蔽之，就是"使功不如使过"，逼得手下人诚惶诚恐，将功赎罪。

杨仆五宗罪

原文：

上欲复使杨仆将，为其伐前劳，以书敕责之曰："将军之功独有先破石门、寻陿，非有斩将搴旗之实也，乌足以骄人哉！前破番禺，捕降者以为虏，掘死人以为获，是一过也。使建德、吕嘉得以东越为援，是二过也。士卒暴露连岁，将军不念其勤劳，而请乘传行塞，因用归家，怀银、黄，垂三组，夸乡里，是三过也。失期内顾，以道恶为解，是四过也。问君蜀刀价而阳不知，挟伪干君，是五过也。

受诏不至兰池，明日又不对；假令将军之吏，问之不对，令之不从，其罪何如？推此心在外，江海之间可得信乎？今东越深入，将军能率众以掩过不？"

但有一个问题：杨仆自从带兵以来，比谁都卖力，比谁都能打，没看出他有什么罪过啊？

我们看不出来的，武帝看得出。这背后有两条基本原则：第一，只有不做事才不会出错，只要做事就难免出错；第二，人无完人，只要吹毛求疵，就一定可以揪出他的错处。

武帝给杨仆下的诏书里，一下子就列举了杨仆的五大罪状：南越之战，杨仆虽然打赢了，但并没有斩将搴旗之功，还把投降的人当成俘虏上报，把死人从坟墓里挖出来，当作战场上斩杀的敌人上报，此其一；没追穷寇，使赵建德和吕嘉有机会联络闽越国，此其二；不顾念士兵的劳苦，自己假公济私回家探亲，夸耀乡里，此其三；舍不得离家，却借口道路难行，没能按期归队，此其四；问你蜀刀的价格，你却装傻充愣，显然是中饱私囊了，此其五。[1] 假如你的部下这样怠

---

[1] 蜀刀价格问题，参考《汉书·酷吏传》："欲请蜀刀，问君贾几何，对曰率数百。武库日出兵而阳不知，挟伪干君，是五过也。"应该是杨仆在采购武器的过程里有中饱私囊的行为。

慢，你该治他什么罪呢？如今派你深入闽越，你真的可以将功赎罪吗？

平心而论，这五大罪状其实都是小节，武帝如果真的在乎，早就对杨仆下手了。对皇帝来说，将军只要完成自己设计的战略目标就可以，至于是不是杀降，有没有杀良冒功、烧杀抢掠，只要不在特殊时期，其实都无所谓。

水至清则无鱼，人至察则无徒。当年飞将军李广公报私仇，擅杀霸陵亭尉，武帝非但没有怪罪，反而下诏表彰，夸李广有勇将的血性。将领们其实也知道这个逻辑，所以才有胆量违法乱纪。

但是，武帝平时可以睁一只眼闭一只眼，一旦有需要的时候，他就会睁开双眼明察秋毫。先前那些"无伤大雅"的小节，随便挑一个出来都能要人的命。

原文：

仆惶恐对曰："愿尽死赎罪！"上乃遣横海将军韩说出句章，浮海从东方往；楼船将军杨仆出武林，中尉王温舒出梅岭，以越侯为戈船、下濑将军，出若邪、白沙，以击东越。

如今，这一招用在了杨仆身上，着实把他吓得不轻,哪里还敢有一点骄傲和懈怠,马上诚惶诚恐地将功赎罪去了。

这次征闽越,照旧是五路大军分进合击。

157

武帝如何继续开疆拓土

这一讲我们继续留在元鼎六年（前111年），主题依然是开疆拓土。

先前，汉帝国灭南越，新置九郡，国土扩张，南部疆域直达中南半岛；随后平定西南夷，新设五郡，原先有名无实的犍为郡也得以有效管理。这些事情都是在这一年里迅速完成的。

不过，我们通过《资治通鉴》逐年回顾，就能清楚地看到，这些看似一蹴而就的成就，其实是多年深耕细耨的结果。

接下来，汉帝国马上要在西北方向有新的动作。

汉使诉苦

原文：

博望侯既以通西域尊贵，其吏士争上书言外国奇怪利

害求使。天子为其绝远，非人所乐往，听其言，予节，募吏民，毋问所从来，为具备人众遣之，以广其道。

事情的起因，是当年出使西域各国的使团陆续归国，诉说这些年在西域世界的悲惨遭遇，又是挨饿，又是挨打，就连本不该出现在西域的匈奴人也时不时现身杀人越货。如果只是被匈奴人欺负倒也罢了，但连楼兰、车师这些小邦国都来欺负，大汉帝国哪能咽下这口气呢？再说了，这些西域国家跟居无定所的匈奴不一样，他们有固定的城镇，过的是定居生活，武备微不足道，只要汉帝国派兵过去，他们根本无力抵抗。

那么问题来了：这些西域国家不但和汉帝国无冤无仇，还从汉使那里得到了丰厚的礼物，怎么收完礼还打送礼人呢？当年张骞通西域，遇到过身边只剩一个随从且身无分文的情况，各国仍然热情款待，如今情况怎么突然就变了呢？

这种转变当然是有原因的。站在汉帝国的立场，张骞凿空意味着发现了一片西部新大陆，而站在汉朝子民的立场，这意味着从此有了新的升官发财机会。当时，普通人的生活选择面其实很窄——种地赚不到钱；经商不但没有空间，就算赚了钱，也难保哪天朝廷一道政令，就把自己多年的血汗钱合法抢走；做官的话，需要家底厚，交够了钱才能排上队。现在有了新机会，可以向朝廷上书，说说外国的奇闻轶事，谈谈国际关系，自告奋勇出使西域，为皇帝建域外奇功。

武帝的想法是：西域万里迢迢、危机四伏，普通人但凡生活还过得下去，就不会愿意揽这种差事。所以，只要有人请缨，就来者不拒。使团成员一概不问出身，奴隶也好，逃犯也罢，凑一拨就往西域发一拨。每个使团出发时都不是空手而行，朝廷要给他们大量财物，这些都是搞外交时要送的礼品。

刀兵相见

但是，甘愿冒这种风险的人，既想立功求富贵，又难以抵挡随行财物的诱惑。他们真的有能力完成使命吗？

原文：

来还，不能毋侵盗币物及使失指，天子为其习之，辄覆按致重罪，以激怒令赎，复求使，使端无穷，而轻犯法。其吏卒亦辄复盛推外国所有，言大者予节，言小者为副，故妄言无行之徒皆争效之。其使皆贫人子，私县官赍物，欲贱市以私其利。外国亦厌汉使，人人有言轻重，度汉兵远不能至，而禁其食物以苦汉使。汉使乏绝，积怨至相攻击。

武帝在处理这个问题时依然沿用了老办法：使功不如使过。等到使团回国后，寻找他们的纰漏总是容易的——要么没能完成预定目标，要么查出有中饱私囊的行径——然后给他们扣上重罪，逼迫他们再度出使，争取机会立功赎罪。这种方法类似于韩信的背水列阵——指挥乌合之众就必须把他们置于死地，好让他们去拼命。

使团确实很拼命，为了达成业绩，什么话都敢说。如果只有一个使团倒也还好，但使团来得接二连三，在西域诸国看来，这些人言谈举止一点没有大国使臣的样子，而且前言不搭后语，让人越看越讨厌。

当然，经过这么长时间的接触，西域各国至少知道了一件事：汉帝国远在天边，就算翻脸，也不可能大军压境。既然如此，何必给汉使好脸色呢？

双方越闹越僵。汉帝国原本要建交，结果却结了一堆仇家。

怎么办呢？那就开打吧。

开疆拓土

原文：

而楼兰、车师，小国当空道，攻劫汉使王恢等尤甚，而匈奴奇兵又时遮击之。使者争言西域皆有城邑，兵弱易击。于是天子遣浮沮将军公孙贺将万五千骑出九原二千余里，至浮沮井而还；匈河将军赵破奴将万余骑出令居数千里，至匈河水而还：以斥逐匈奴，不使遮汉使。皆不见匈奴一人，乃分武威、酒泉地置张掖、敦煌郡，徙民以实之。

《资治通鉴》记载，武帝派公孙贺和赵破奴各自统率一支万人以上的骑兵部队，出塞几千里，目标是驱逐匈奴，不让他们再有机会劫掠汉使。但两路大军一去一回，竟没见到一个匈奴人。于是，武帝拆分了武威郡和酒泉郡的地盘，设置了张掖郡和敦煌郡，发动移民工程，充实"河西四郡"的人口。

你可能会问，使者们不是一致建议攻打楼兰、车师那些小国吗，为什么武帝转而针对匈奴去了？而且，"河西四郡"这就设置完成了吗？

这要怪司马光没有交代清楚，但他也很为难，因为在《史记》和《汉书》的不同篇章里，记载有不少出入，很难弥合所有矛盾。关于这件事情，最直接的史料是《史记·大宛列传》，其中没有提到公孙贺，只记载了赵破奴统率数万大军前往匈河水，准备迎战匈奴。至于匈河水到底在哪儿，有说在今天蒙古国的，有说在内蒙古的，也有说在甘肃的，莫衷一是。而匈奴那边直接跑了，并没有接战。吓退匈奴后，第二年赵破奴才发动西征，攻打那些饱受汉使控诉的西域小国。

整件事的逻辑大概就是这个样子。至于"河西四郡"的设置，司马光在《通鉴考异·卷一·汉纪上》罗列了相关史料并指出其中的矛盾，虽然择善而从，但他对这一问题的把握仍显含糊。

这倒不能苛责司马光，因为我们在前文提到过，"河西四郡"具体的设置时间在史料中非常混乱。[1] 这里还是重申一下我更倾向的结论好了："河西四郡"之首的酒泉郡设置于四年后的元鼎六年（前 111 年），下一个设置的不是武威郡，而是张掖郡，时间在太初三年（前 102 年），然后是敦煌郡，时间在后元元年（前 88 年），最后才是武威郡，设立时间是汉宣帝地节三年（前 67 年）。从酒泉郡到武威郡，时间跨度足有四十四年。（孙闻博《西汉初营河西考——以"新地"接纳史为视角》）

---

[1] 详见前文第 147 讲。

卜式直言

原文：

是岁，齐相卜式为御史大夫。

开疆拓土的事情告一段落后，卜式再次登场，从齐国国相调任中央，任职御史大夫。

每当国家有大事，卜式总是第一个站出来，又是捐家产，又是请缨入伍，这样的人怎么可能不讨皇帝的欢心呢？他这次高升，不仅从地方转任中央，还位列三公，距离丞相只有一步之遥。

卜式到底是真的觉悟高，还是在矫揉造作挣表现呢？对此，后人意见不一，但从他在御史大夫任上的表现来看，他很可能真的是觉悟高，高到了天赋异禀的级别。

原文：

式既在位，乃言"郡、国多不便县官作盐铁器，苦恶价贵，或强令民买之；而船有算，商者少，物贵。"上由是不悦卜式。

卜式一上任，完全不顾武帝的好恶，直言不讳地批评朝廷的财政政策。他指出，实行盐铁专卖以来，官营商品不但质次价高，还强买强卖。车船税更是雪上加霜，导致商人失去积极性，物价高涨。

武帝怎么也想不到卜式会这样直言，从此就不再喜欢他了。

卜式的批评确实戳到了武帝的痛处。以前朝廷高喊重农抑商、崇本抑末，认为商人为了利益不择手段，一方面降低产品质量，另一方面提高价格。社会上之所以物价腾跃，就是因为这群人在作祟。既然看透了这个道理，那么打击商人，由朝廷接管商业，按说就可以扭转局面。可结果呢，朝廷接管商业后，局面反而更糟了。面对新一轮的物价飞涨，再抓商人当替罪羊显然不合适。那么，到底谁才是罪魁祸首呢？

当然，武帝如果有机会对卜式说说心里话，可能会这样说：正因为朕派桑弘羊全力敛财，才能开疆拓土。南越九郡、西南夷五郡、河西四郡，不都是这么来的吗？虽然老百姓一时过得拮据，但这也是为了长远利益。要是朝廷一味无为而治，匈奴来烧杀抢掠怎么办？当然，祭神求仙需要大量的人力物力，但天下是我们刘家人打下来的，我们有拨乱反正、解民于倒悬的功绩，花点钱满足兴趣爱好有什么不可以？

但这样的言论在当时确实没法义正词严地说出来。

卜式占据了道德制高点，武帝就算有再多的不服气，也只能憋在心里。

幸好，还有更大的事情需要武帝操心。

汉武帝元封元年

158
汉武帝泰山封禅是怎么举行的

这一讲，我们来看武帝时代的一个大事件。可以说，武帝前半生的一切成就都在为它做铺垫。这件大事，就是封禅。

一心封禅

原文：

初，司马相如病且死，有遗书，颂功德，言符瑞，劝上封泰山。上感其言，会得宝鼎，上乃与公卿诸生议封禅。

武帝一直对封禅念念不忘，更何况司马相如临终留下一篇《封禅书》——以司马相如的文采，这篇文章更是激发了武帝的渴望，让他感到不封禅就要死。再加上汾阴出土的那只大鼎，正好被解读为封禅的祥瑞。因此，这件事该提上日程了，朝廷里的儒学专家得赶紧拟方案了。

原文：

封禅用希旷绝，莫知其仪，而诸方士又言："封禅者合不死之名也。黄帝以上，封禅皆致怪物，与神通，秦皇帝不得上封。陛下必欲上，稍上即无风雨，遂上封矣。"上于是乃令诸儒采尚书、周官、王制之文，草封禅仪，数年不成。上以问左内史儿宽，宽曰："封泰山，禅梁父，昭姓考瑞，帝王之盛节也；然享荐之义，不著于经。臣以为封禅告成，合祛于天地神祇，唯圣主所由，制定其当，非群臣之所能列。今将举大事，优游数年，使群臣得人人自尽，终莫能成。唯天子建中和之极，兼总条贯，金声而玉振之，以顺成天庆，垂万世之基。"上乃自制仪，颇采儒术以文之。上为封禅祠器，以示群儒，或曰"不与古同"，于是尽罢诸儒不用。上又以古者先振兵释旅，然后封禅。

儒学最大的特点是，不但繁文缛节，而且莫衷一是。要是有一个像叔孙通那样的大权威能迅速拍板，事情倒还好办，但只要集体商议，就别指望能得出结论。

礼仪不同于工程问题，怎么说怎么有理，怎么说怎么没理，根本无从检验。武帝面临的就是这样的局面：用方案A，张三说万万不可；用方案B，李四说万万不可。无论采用哪个方案，总有人跳出来说万万不可。

武帝终于被搞烦了，把相关人等一律免职。封禅而已嘛，霸王硬上弓就是了。

《封禅书》

作为事情的导火索，《封禅书》是司马相如留给后人的第十五个文化语码，我们有必要借助《史记》来了解一下。

司马相如因病免职后住在茂陵。武帝听说他病得很重，担心这位大才子的文章著作会遗失，就派了一个叫所忠的人登门求取。所忠赶到时，司马相如已经去世，并没有留下什么作品。他的妻子说，自家先生虽然经常创作，但作品完成后很快就会被取走，只有一卷书特地留下来，交代说如果有使者来求书，就把这卷书呈报上去。(《史记·司马相如列传》)

司马相如生前特地给武帝留下的这卷书，就是著名的《封禅书》。唐人陆龟蒙的"封禅书成动帝心"（《奉和袭美谢友人惠人参》），用的就是这个典故。但对于司马相如的这个举动，批评的声音很多。宋代隐士林逋在临终时写诗总结一生，有两句特别著名："茂陵他日求遗稿，犹喜曾无封禅书。"（［宋］李焘《续资治通鉴长编·卷一百六》）意思是说，等自己死后，如果皇帝派人到自己家里搜求遗稿，绝对找不出《封禅书》这种祸国殃民、丢人现眼的玩意儿。

后来苏轼读了林逋的诗，很是佩服，写诗道："平生高节已难继，将死微言犹可录。自言不作封禅书，更肯悲吟白头曲。"（《苏轼文集编年笺注·附录一·书林逋诗后》）南宋刘克庄说得更绝："幸无封禅书留稿，岂有长门赋卖金。"（《刘克庄集笺校·卷三九·生日和竹溪·三和之二》）相当于把《封禅书》和《长门赋》并称为司马相如人生两大污点——文章是正经事业，既不该用来谄媚君主，撩拨君主的不良欲望，也不该拿来卖钱。

知识分子难免有精神洁癖和卫道情怀，但站在皇帝的角度，谁不想完成一场无比盛大的封禅大典呢？更何况，从功能意义上讲，虽然这类活动劳民伤财，但皇帝若想让全国人民认同和崇拜自己，实在没有更好的办法了。

黄老之道提倡清净无为的政治风格，在理想状态下，是以牺牲统治者的存在感为代价来让老百姓丰衣足食的。但如果一个有正常七情六欲的人当上皇帝，却不能给自己多找一点存在感，这确实太强人所难了。普通人发了财都想炫炫富呢，更何况皇帝。

但是，要想封禅，必须满足国泰民安、四夷宾服这样的前提条件。国泰民安倒还好办，只要没有大规模的造反就行。但四夷宾服这个条件有点难——如果封禅大典进行到一半，北边匈奴人打过来，烧杀抢掠一番转身走了，汉军追不上，人口和财产损失事小，打脸事大。还有，闽越那边胜负未定，如果封禅过程中传来损兵折将的消息，那也不行。

虚张声势

原文：

（元封元年）

冬，十月，下诏曰："南越、东瓯，咸伏其辜；西蛮、北夷，颇未辑睦；朕将巡边垂，躬秉武节，置十二部将军，亲帅师焉。"乃行，自云阳北历上郡、西河、五原，出长城，北登单于台，至朔方，临北河。

转过年来，是武帝元封元年（前110年）。元封的"封"，指的是这一年的封禅大典。当年冬十月，武帝亲率十八万骑兵，旌旗千余里，巡行北方边疆，向匈奴施加压力。

原文：

遣使者郭吉告单于曰："南越王头已悬于汉北阙。今单于能战，天子自将待边；不能，即南面而臣于汉，何徒远走亡匿于幕北寒苦无水草之地，毋为也！"语卒而单于大怒，立斩主客见者，而留郭吉，迁之北海上。然匈奴亦詟，终不敢出。

不仅如此，武帝还派郭吉出使匈奴，在乌维单于面前撂下狠话，大概意思是：有种你就来打，不然你就降了吧。

乌维单于怒不可遏，但理智尚存，所以没有杀郭吉，而是杀了引郭吉晋见的人，然后把郭吉关押在北海。当时的北海，大约就是今天西伯利亚的贝加尔湖，后来苏武牧羊也在这个地方。

有人认为，郭吉向乌维单于下战书，是武帝向匈奴发出的正面挑战。但结合这一时期的封禅安排和匈奴一贯的作战风格来看，武帝真实的意图应该是虚张声势，确保匈奴在封禅大典期间不会来捣乱。乌维单于假如掌握了准确情报，那么聪明的应对方式应该是给出决战的回复，让武帝在边境干等，然后在封禅大典开始后避实击虚，极尽骚扰之能事。

但乌维单于并没有和我们一样的上帝视角，真的被吓住了，龟缩在漠北不敢轻举妄动。

祭祀黄帝墓

原文：

上乃还，祭黄帝冢桥山，释兵须如。上曰："吾闻黄帝不死，今有冢，何也？"公孙卿曰："黄帝已仙上天，群臣思慕，葬其衣冠。"上叹曰："吾后升天，群臣亦当葬吾衣冠于东陵乎？"乃还甘泉，类祠太一。

武帝很有面子地撤了军，在桥山祭祀黄帝墓。

桥山位于今天的陕西延安黄陵县北。今天我们去黄陵县，可以看到极具规模的黄帝陵建筑群。虽然武帝看到的黄帝陵并没有今天的这么宏伟，但不论规模大小，既然是黄帝的陵墓，黄帝总该埋葬在这里吧？

武帝忽然怀疑起来：不是说黄帝乘龙升天了吗，人间怎么会有他的墓葬呢？

这真是一个直指人心的发问。先前江湖术士信口开河,把黄帝升仙的事情渲染得神乎其神,彻底把武帝忽悠住了。如今突然有一座黄帝的陵墓出现在众人眼前,该怎么解释呢?

江湖术士的必备能力就是急中生智。公孙卿解释道:"黄帝确实已经升仙上天了,但人间的群臣很想念他,就把他老人家的衣冠葬在了这里。"衣冠冢的概念由此而来。

今天我们对衣冠冢已经见怪不怪了,但两千多年前的公孙卿能在情急之下凭空想出这么一套说辞,思路不可谓不敏捷。往深里想,这种安排特别符合人之常情,难怪古今中外都存在着类似的习俗。

原文:

上以卜式不习文章,贬秩为太子太傅,以兒宽代为御史大夫。

在这些宏大事件之余,武帝做了一个小小的人事变动:借口卜式不善文辞,调他做太子太傅,改任兒宽为御史大夫。

卜式假如有机会发言,应该会说:"我不善文辞,这可是陛下从一开始就知道的啊。"

迁徙越人

原文：

汉兵入东越境，东越素发兵距险，使徇北将军守武林。楼船将军卒钱塘辕终古斩徇北将军。故越衍侯吴阳以其邑七百人反攻越军于汉阳。越建成侯敖与繇王居股杀馀善，以其众降。上封终古为御兒侯，阳为卯石侯，居股为东成侯，敖为开陵侯；又封横海将军为按道侯，横海校尉福为缭嫈侯，东越降将多军为无锡侯。上以闽地险阻，数反覆，终为后世患，乃诏诸将悉其民徙于江、淮之间，遂虚其地。

下来是来自闽越的战报：骆馀善被自己人杀了，闽越举国投降。武帝顾忌越人叛服无常，索性将骆馀善辖下的全部越人迁入江淮一带，便于管理。先前他已经用同样方式安置过东瓯人，所以这次操作驾轻就熟。[1] 今天福建省的大片地区因此被空置，直到东汉末年汉帝国设置建安郡，当地才逐渐有了人气和发展。

---

1 详见前文第067讲。

封禅泰山

原文：

春，正月，上行幸缑氏，礼祭中岳太室，从官在山下闻若有言"万岁"者三。诏祠官加增太室祠，禁无伐其草木，以山下户三百为之奉邑。

上遂东巡海上，行礼祠八神。齐人之上疏言神怪、奇方者以万数，乃益发船，令言海中神山者数千人求蓬莱神人。公孙卿持节常先行，候名山，至东莱，言："夜见大人，长数丈，就之则不见，其迹甚大，类禽兽云。"群臣有言："见一老父牵狗，言'吾欲见巨公'，已忽不见。"上既见大迹，未信，及群臣又言老父，则大以为仙人也，宿留海上；与方士传车及间使求神仙，人以千数。

夏，四月，还，至奉高，礼祠地主于梁父。乙卯，令侍中儒者皮弁、搢绅，射牛行事，封泰山下东方，如郊祠泰一之礼。封广丈二尺，高九尺，其下则有玉牒书，书秘。礼毕，天子独与侍中、奉车都尉霍子侯上泰山，亦有封，其事皆禁。明日，下阴道。丙辰，禅泰山下阯东北肃然山，如祭后土礼，天子皆亲拜见，衣尚黄，而尽用乐焉。江、淮间茅三脊为神藉，五色土益杂封。其封禅祠，夜若有光，昼有白云出封中。天子从禅还，坐明堂，群臣更上寿颂功德。诏曰："朕以眇身承至尊，兢兢焉惟德菲薄，不明于礼乐，故用事八神。遭天地况施，著见景象，屑然如有闻，震于怪物，欲止不敢，遂登封泰山，至于梁父，然后升禅肃然自新，嘉与士大夫更始，其以十月为元封元年。行所巡至，博、奉高、蛇丘、历城、梁父，民田租逋赋，皆贷除之，无出今年算。赐天下民爵一级。"又以五载一巡狩，用事泰山，令诸侯各治邸泰山下。

天子既已封泰山，无风雨，而方士更言蓬莱诸神若将可得，于是上欣然庶几遇之，复东至海上望焉。上欲自浮海求蓬莱，群臣谏，莫能止。东方朔曰："夫仙者，得之自然，不必躁求。若其有道，不忧不得；若其无道，虽至蓬莱见仙人，亦无益也。臣愿陛下第还宫静处以须之，仙人将自至。"上乃止。会奉车霍子侯暴病，一日死。子侯，去病子也，上甚悼之；乃遂去，并海上，北至碣石，巡自辽西，历北边，至九原，五月，乃至甘泉。凡周行万八千里云。

四夷宾服的问题算是基本解决了。武帝继续巡行各地祭神求仙，继续被江湖术士欺骗，最后到达泰山，完成了封禅大典。前前后后，总之是各种喧哗与躁动。但这些喧哗与躁动并非毫无意义，因为皇帝一开心，自然会有与民同乐的冲动，随之而来的是各种免税、赏赐和加官晋爵。到了五月份，武帝才回到甘泉宫，行程总计一万八千里。

烹弘羊 天乃雨

原文：

先是，桑弘羊为治粟都尉，领大农，尽管天下盐铁。弘羊作平准之法，令远方各以其物如异时商贾所转贩者为赋而相灌输。置平准于京师，都受天下委输。大农诸官，尽笼天下之货物，贵即卖之，贱则买之，欲使富商大贾无所牟大利，而万物不得腾踊。至是，天子巡狩郡县，所过赏赐，用帛百余万匹，钱金以巨万计，皆取足大农。弘羊又请吏得入粟补官及罪人赎罪。山东漕粟益岁六百万石，一岁之中，太仓、甘泉仓满，边余谷，诸物均输，帛五百万匹，民不益赋而天下用饶。于是弘羊赐爵左庶长，黄金再百斤焉。

财政之所以供应得上，全靠桑弘羊努力开源。开源的办法除了在京师设置平准机构、大搞官营经济之外，无非是给出激励政策——交钱交粮既可以买官，也可以减刑。

原文：

是时小旱，上令官求雨。卜式言曰："县官当食租衣税而已，今弘羊令吏坐市列肆，贩物求利。烹弘羊，天乃雨。"

当年适逢一场不太严重的干旱,武帝照例安排有关部门搞求雨仪式。卜式又出来说不中听的话了:政府只应当通过税收来维持运作,哪有亲自下场做生意的道理。遇到旱情,根本用不着什么求雨仪式,只要把桑弘羊扔到锅里煮了,老天爷自然就会降雨。卜式的原话里,"烹弘羊,天乃雨"这六个字特别掷地有声,后世凡是反对官营经济的,都喜欢拿这句话说事。

齐怀王薨

原文:

秋,有星孛于东井,后十余日,有星孛于三台。望气王朔言:"候独见填星出如瓜,食顷,复入。"有司皆曰:"陛下建汉家封禅,天其报德星云。"

齐怀王闳薨,无子,国除。

当年还有两件小事:一是出现异常天象,有关部门用祥瑞理论进行解释;二是齐王刘闳过世,没有留下继承人,齐国收归中央直辖。

齐王刘闳的母亲是武帝宠爱的王夫人。第三辑讲过,王夫人病重时,汉武帝亲自去跟她商量刘闳的分封问题。王夫人希望将刘闳封在洛阳,但汉武帝没同意，说从先帝以来，就不会在洛阳设置诸侯王。洛阳有武库、敖仓，正当关口，是天下咽喉。武库储备武器，敖仓储备粮食，这是国家的两大命脉，必须由中央直辖，无论如何不能分封出去。[1]《史记》还有记载，刘闳死后，天下人都说齐国这个地方不适宜分封。(《史记·三王世家》)这种说辞，估计是摸准了武帝的心思，故意编造的。

元封元年的大事件到此结束，《资治通鉴》第二十卷也在这里结束。

---

[1] 详见《资治通鉴熊逸版》（第三辑）第125讲。

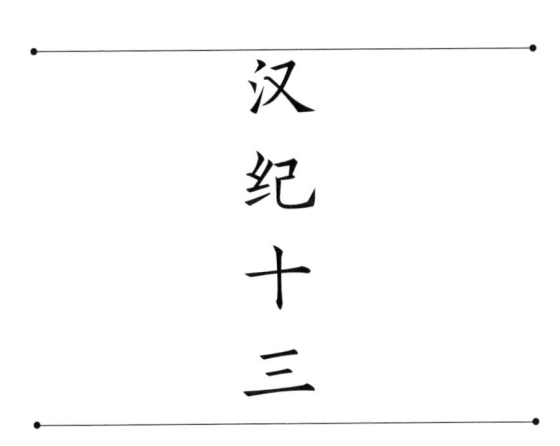

汉纪十三

公元前109年至公元前99年

世宗孝武皇帝下之上

汉武帝元封二年

159
武帝怎么终结了黄河水患

原文:

起玄黓涒滩（公元前109年），尽玄黓敦牂（公元前99年），凡十一年。

这一讲我们进入《资治通鉴》第二十一卷，"汉纪十三·世宗孝武皇帝下之上"，起始年份是武帝元封二年（前109年）。

万里沙求雨

原文：

（元封二年）

冬，十月，上行幸雍，祠五畤；还，祝祠泰一，以拜德星。

春，正月，公孙卿言："见神人东莱山，若云欲见天子。"天子于是幸缑氏城，拜卿为中大夫，遂至东莱，宿留之，数日，无所见，见大人迹云。复遣方士求神怪，采芝药，以千数。时岁旱，天子既出无名，乃祷万里沙。夏，四月，还，过祠泰山。

新年伊始，照例是各种祭祀活动。武帝封禅的热情未减，又一次被公孙卿忽悠，浩浩荡荡地东巡去了。适逢旱灾，皇帝这样兴师动众显得不体恤民情，但借口总是不难找的，既然干旱，那就去东莱祭祀万里沙好了。

所谓万里沙，指的可能是今天山东莱州湾沿岸的一片沙地，来万里沙祭神求雨，逻辑倒也说得通。问题是：去年才办完封禅大典，按理说应该天人合一、风调雨顺才对，怎么反而发生旱情了呢？总不能说封禅封错了，老天爷现在来打武帝的脸吧？

如果旱灾能很快结束，这个问题也就不需要答案了。但这场旱灾竟然持续了相当一段时间，所以答案必须要有，这是后话，我们在第161讲再做交代。

此刻的武帝正兴致勃勃地在万里沙祭神求雨，但这只是做做样子——他从东莱海滨派出几千名方士，又是求仙搜怪，又是寻灵芝、访仙药，这才是此行的真实目的。

在秦汉历史上，秦始皇、汉武帝为了求仙，在山东沿海搞出了各种阵仗。由于这一带靠近朝鲜半岛，后来朝鲜使臣出使中国王朝时，常常发怀古之幽情，拿秦皇汉武说事。

明朝洪武年间，朝鲜出使中国的权近途经登州蓬莱驿，写下了《宿登州蓬莱驿咏怀古迹》："方士纷纷竞骋邪，汉皇何不鉴秦家。武陵异日生秋草，万里空祠万里沙。"（《阳村先生文集·卷六》）他批评汉武帝没有汲取秦始皇的前车之鉴，不远万里来海滨祭神有什么用呢，还不是一命呜呼、坟头长草吗？虽然权近的汉文化素养很高，但"武陵异日生秋草"这一句如果是中国文人来写，不会用"武陵"，而会用规范名称"茂陵"。"武陵"是另一个典故。

权近之后，又一位朝鲜使臣金尚宪写过一首很有妙趣的七律《三山岛》："曾闻海上有三山，云气虚无不可攀。汉使乘槎何处觅，秦童采药几时还。玉函金锁丹书古，珠阁琼楼白日闲。万里朝天今到此，前身知是列仙班。"（［韩］林基中《燕行录全集·卷十三》[1]）这首诗照例拿秦始皇和汉武帝配对，感叹这两代雄主当年如何煞费苦心，派使者出海求仙。诗的最后幽默了一下，说没想到自己千载之后从海外远道而来朝拜宗主国，估计前世就是秦皇汉武苦寻而不得的海上神仙吧。

武帝治水

原文：

初，河决瓠子，后二十余岁不复塞，梁、楚之地尤被其害。是岁，上使汲仁、郭昌二卿发卒数万人塞瓠子河决。天子自泰山还，自临决河，沉白马、玉璧于河，令群臣、从官自将军以下皆负薪，卒填决河。筑宫其上，名曰宣防宫。导河北行二渠，复禹旧迹，而梁、楚之地复宁，无水灾。

武帝祭祀万里沙之后，办了一件真正意义上的大

---

[1] 转引自王玲玲《明代朝鲜朝使臣登州诗歌研究》。

事：亲自到瓠子堤视察黄河决口，指派汲仁、郭昌两位高官征发数万人堵塞决口，还下令随行的将军以下官员通通下场背柴运土。在这些官员当中，就有司马迁的身影。他是武帝东巡的随行人员之一，对这段历史的记录是亲身经历，而非听闻。

根据《史记》的记载，主管治水的其中一位官员汲仁是汲黯的兄弟。当年汲黯过世，武帝顾念旧情，将汲仁提拔到九卿级别，还任命汲黯之子汲偃做诸侯国相，就连汲黯姑妈的儿子司马安也一路官运亨通。（《史记·汲郑列传》）至于另一位官员郭昌，他是行伍出身，曾以校尉身份追随卫青北伐匈奴。（《史记·卫将军骠骑列传》）

瓠子堤决口的事要追溯到元光三年（前132年），转眼已经过去二十三年了。当年黄河改道，在濮阳县瓠子堤决口，武帝派汲黯、郑当时征发十万人堵塞，但随堵随垮，无可奈何。后来武帝索性听了劝，对水患听之任之。地方政府虽然没有完全不管，但效果同样不佳。[1]

武帝高坐朝堂，这二十三年来黄河决口究竟是什么样，他只能听汇报，凭想象。等到亲眼看见瓠子口

---

[1] 详见前文第079讲。

的现状时，他应该大受触动。虽然后人总是批评武帝封禅劳民伤财，但封禅显然给足了武帝信心，让他相信天意站在自己一边——肯定能治好黄河。但真正着手去解决黄河决口时，他马上发现了这件事难度之高，真不能全怪当年田蚡甩手。假如不是在封禅大典之后自信爆棚的话，武帝大概率会半途而废。幸而他摆出了神挡杀神、佛挡杀佛的架势——需要木材的时候发现柴禾奇缺，没关系，那就砍伐淇园的竹子来替代好了。淇园是春秋时代的卫国名胜，《诗经·卫风·淇奥(yù)》有过这样美丽的诗句："瞻彼淇奥，绿竹猗猗。有匪君子，如切如磋，如琢如磨。"

武帝挟封禅之威，自然意味着堵塞瓠子口的工程许胜不许败，否则堂堂天子颜面何存？而既然定下了许胜不许败的基调，无论多少人力物力都是豁得出去的，结果就是决口真的被堵住了。

于是，他在河堤之上兴建宣房宫，并推进后续工程，引黄河恢复故道。这样的丰功伟绩，当然要写诗作歌来庆祝传扬。司马迁作为整件事的亲历者，确实记载了武帝的两首歌词。第一首歌充满悲情，给人的感觉是武帝已经近乎绝望了：

瓠子决兮将奈何？浩浩洋洋兮虑殚为河！

瓠为河兮地不得宁，功无已时兮吾山平。
吾山平兮钜野溢，鱼沸郁兮柏冬日。
正道弛兮离常流，蛟龙骋兮放远游。
归旧川兮神哉沛，不封禅兮安知外！
为我谓河伯兮何不仁，泛滥不止兮愁吾人！
啮桑浮兮淮泗满，久不返兮水维缓。

意思是，朕如果不来封禅，还真不知道这一带的水灾有这么严重。河伯啊河伯，你这个黄河河神，太不像话了！

第二首歌终于在结尾呈现出光明：

河汤汤兮激潺湲，北渡污兮迅流难。
搴长茭兮沉美玉，河伯许兮薪不属。
薪不属兮卫人罪，烧萧条兮噫乎何以御水！
隤（tuí）林竹兮楗石菑，宣房塞兮万福来。

意思是，河伯是个大坏蛋，特别不听劝，朕被逼无奈，只好不择手段来治水，终于把决堤的地方堵住了，实在是大快人心。

这两首歌被收进了《古诗源》，题目叫《瓠子歌》。
（［清］沈德潜《古诗源·卷二》）

历尽千难万险，瓠子口终于被堵住了，接下来还有一系列配套的治水工程，主要是开凿两条运河将黄河水引向北流，使黄河恢复大禹时代的故道。我们不禁要问：假如没有发生过封禅大典，没有一个巧舌如簧的江湖骗子公孙卿在武帝面前胡说八道，瓠子口会不会再过几十年也堵不上？当地百姓会不会在很长一段时间里遭受黄河泛滥的打击呢？

答案只能见仁见智。武帝完成了这样一场治河壮举，怎么看怎么像是泽被万民，应该流芳百世，为什么武帝在历朝历代的形象依然很糟糕呢？

160

朝鲜人为什么突然刺杀辽东都尉涉何

不得不说,武帝确实很招人骂。如果只是因为搞酷吏政治、国家垄断经营这些事情挨骂,倒也情有可原;但他打匈奴也挨骂,治黄河也挨骂,而骂他的人既不是坏人,也不是傻子。

就拿王夫之来说,论才学,和顾炎武、黄宗羲齐名,并称"清初三大家"。论气节,他甘心做明朝遗民,死活不跟清政府合作,直到康熙三十一年过世都没有剃过发,《清史稿》特别提到他"完发以殁身"(《清史稿·卷四百八十》),当时可谓绝无仅有。王夫之反对空谈天理、排斥人欲的道学论调。他详细分析中国的地形地貌,认为黄河决堤,向南改道是必然趋势,就算是大禹复生,也没办法把黄河重新引回北流。武帝之所以能收一时之效,只是因为当时距离瓠子决口的时间不算太久,北岸的河道依然可以疏通。不过,即便这么做,也维持不到百年。到了宋朝,王安石还想着把黄河重新引回北流，真是蠢得不可救药。正确的办法应该是顺着水势来，该搬迁的搬迁，该免税的免税，该放弃的放弃。（［清］王夫之《读通鉴论·卷三》）

占卜成风

原文：

上还长安。

到底谁对，见仁见智。但无论如何，武帝完成了瓠子口的治水大业，风风光光回到长安。放眼四望，百越和西南夷拿下了，西域打通了，匈奴龟缩到遥远的漠北了，封禅大典顺利结束了，就连造孽了二十三年的黄河决口都堵上了。真是千好万好，天下无事，是时候继续求仙拜鬼了。

原文：

初令越巫祠上帝、百鬼，而用鸡卜。

公孙卿言仙人好楼居，于是上令长安作蜚廉、桂观，甘泉作益寿、延寿观，使卿持节设具而候神人。又作通天茎台，置祠具其下。更置甘泉前殿，益广诸宫室。

在平定南越和闽越之后,武帝开始了一项新的迷信活动:请越人的巫师进行祭祀和占卜。越人的占卜方式和传统的甲骨占卜很像,但他们用的不是龟甲,而是鸡骨。只是,如果这种占卜真能发挥作用,那么南越和闽越就不会灭亡了。难道武帝没想明白这个最简单的道理吗?

他确实没想明白,不过这也不难理解,因为当时的占卜活动空前繁荣,各种流派层出不穷,再添一家外来户也不足为奇。如果武帝真的迷上了越人的巫术,或许还算是件好事,因为成本很低,不过是多费几只鸡。但请别忘了,这一时期武帝身边的红人可是公孙卿。公孙卿头脑灵活,随便想几个点子就能引发举国骚动。这不,武帝开始忙着大兴土木了。

刺杀涉何

原文:

初,全燕之世,尝略属真番、朝鲜,为置吏,筑障塞。秦灭燕,属辽东外徼。汉兴,为其远难守,复修辽东故塞,至浿水为界,属燕。燕王卢绾反,入匈奴。燕人卫满亡命,聚党千余人,椎髻、蛮夷服而东走出塞,渡浿水,居秦故空地上下障,稍役属真番、朝鲜蛮夷及燕亡命者,王之,都王险。会孝惠、高后时，天下初定，辽东太守即约满为外臣，保塞外蛮夷，无使盗边；诸蛮夷君欲入见天子，勿得禁止。以故满得以兵威财物侵降其旁小邑，真番、临屯皆来服属，方数千里。

这个时候，东北边境发生了武装事件：朝鲜突袭辽东郡，但他们既没有攻城略地，也没有烧杀抢掠，只是杀了新近上任的辽东东部都尉涉何。

前文提到，这一时期的朝鲜半岛处于邦国林立的状态，其中最强悍的政权是卫满创建的卫氏朝鲜，统治者是卫满的孙儿卫右渠。卫右渠不但从不朝见汉天子，而且不断引诱汉帝国的逃亡者。如果东夷各个小政权想要觐见汉天子，卫右渠也一律不准。

武帝元朔元年（前129年），薉貉首领南闾曾背叛卫右渠，带领二十八万部众向汉帝国归顺。汉帝国接纳了这些人和土地，并在当地设置了苍海郡。[1]

当时，汉帝国朝着三个方向开疆拓土——西南方向，唐蒙和司马相如开通西南夷，设立犍为郡；东北方向设立的是刚才提到的苍海郡；正北方向，卫青将匈奴势力逐出河套地区，在主父偃的提议下，由苏建

---

[1] 详见前文第097讲。

在当地设置朔方郡，营建朔方城。

这三个方向的工程都耗费了巨大的人力物力，天下扰攘，民怨沸腾。更要命的是，所有工程都遥遥无期，即便完工，也很难看到它们给汉帝国带来的收益。所以，公孙弘多次建议，这些费力不讨好的工程还是及时止损为好。最终在元朔三年（前126年），苍海郡的工程被叫停。[1]

存在了短短三年的苍海郡就此消失，但那二十八万人是如何安置的，史料没有明确记载，学者们也有不同的推测。

原文：

传子至孙右渠，所诱汉亡人滋多，又未尝入见；辰国欲上书见天子，又雍阏不通。是岁，汉使涉何诱谕，右渠终不肯奉诏。何去至界上，临浿水，使御刺杀送何者朝鲜裨王长，即渡，驰入塞，遂归报天子曰："杀朝鲜将。"上为其名美，即不诘，拜何为辽东东部都尉。朝鲜怨何，发兵袭攻杀何。

时光荏苒，朝鲜半岛上又有一个辰国希望和汉帝

---

[1] 详见前文第108讲。

国取得联系，但卫右渠再一次从中作梗，不允许辰国使者过境。

辰国具体是哪个国家，朝鲜半岛上的其他国家有没有同样的遭遇，《史记》和《汉书》上的记载不一样，司马光在这里并没有做细致的考证。但这并不重要，重要的是，卫氏朝鲜封得住路，但封不住消息，汉帝国得知此事后，派遣使者涉何与卫右渠交涉。

涉何抵达卫氏朝鲜，申斥卫右渠没有遵守约定，但卫右渠无动于衷。

而涉何作为汉使，话说完了，态表完了，按理说就该回朝复命了。朝鲜方面也秉持基本礼数，派专人护送涉何回国。然而，万万没想到，当这一行人抵达浿水边界，即今天朝鲜的青川江和大同江时，涉何突然发难，派手下刺杀了朝鲜首领，然后火速渡江，快马加鞭跑回了汉帝国的边境要塞，向武帝汇报自己的所作所为。

今天看来，涉何的行为纯属寻衅滋事，但在当时的主流意识形态里，卫氏朝鲜不过是一介番邦，理应对汉帝国俯首帖耳。涉何这么做，不但站在了道德的制高点，还扬了大汉国威。所以，武帝非但没有怪罪涉何，反而任命他为辽东郡东部都尉，让他以高级军官的身份留在辽东。将来汉帝国和卫氏朝鲜要是爆发战争，涉何首当其冲，责无旁贷。

估计武帝的小心思是：你自己捅的娄子，自己收拾。而涉何肯定没想到，捅娄子容易，收拾难。他做都尉不久，朝鲜便发动突袭，直接夺去了他的性命。

从朝鲜的角度来看，既然被涉何摆了一道，就必须进行报复，否则卫右渠的统治力将受到严重影响。而进行报复的关键在于精准打击——只杀涉何，不扩大事态，避免两国开战。

但问题在于，事情不可能不扩大——袭杀汉帝国边境军官，就等于向汉帝国宣战。更何况，这两年武帝特别顺风顺水，北方、西方、南方皆已平定，财政状况良好。就算没有涉何这一出，武帝大概率也会对朝鲜半岛用兵，更何况如今天赐良机，师出有名。

原文：

六月，甘泉房中产芝九茎，上为之赦天下。

在武帝自信心爆棚的同时，偏巧又有祥瑞降临：甘泉宫里长出了九茎灵芝。武帝非常高兴，大赦天下。

所谓九茎灵芝，"九"很可能是虚指，意在说明一株灵芝底下有好几根茎。以今天的科学知识来看，即便这是真的，也不过是灵芝发生了基因突变，长得畸形罢了。但武帝身边那群摇唇鼓舌的江湖术士总能从中解读出荒唐的深意。

不过,这次大赦天下未必全是因为祥瑞,更有可能是为了征发罪犯,远征朝鲜。从《史记·朝鲜列传》来看,情况正是如此。

这就是武帝时代的社会风貌。因为有张骞凿空的榜样,无数人夸夸其谈,想要在域外谋求富贵。涉何自作主张,斩杀朝鲜派来的陪同首领,无非是为了博取功名。"一波才动万波随",涉何为己博取功名的做法,引起了一系列连锁反应,但他却毫不在意。

涉何死则死矣,纯属咎由自取,但战争真的来了。接下来双方会怎么论胜负,怎么算得失呢?

161

如何理解武帝时期的西南策略

干封三年

原文：

上以旱为忧，公孙卿曰："黄帝时，封则天旱，乾封三年。"上乃下诏曰："天旱，意乾封乎！"

这一讲我们继续留在元封二年（前109年）。虽然当年六月甘泉宫里出现了灵芝祥瑞，但因为旱情的缘故，武帝还是没能高兴起来。

按理说，武帝治国已有三十一年，对于水旱灾害早已见怪不怪。尤其在桑弘羊的精心经营下，国家财政充裕，应付一个旱灾并不是难事。那他为什么忽然就担忧起来了呢？

只有公孙卿理解了武帝的心思。他宽慰武帝说："当年黄帝封禅，典礼完成之后出现了三年干旱，这是上天为了使祭坛的封土彻底干燥。"

是的，症结在封禅上。

封禅大典风光无限，该有的政绩有了，该出的祥瑞出了，该拜的天神也拜了，接下来应该顺风顺水、大吉大利才对。况且，武帝连万里沙都祭祀过了，旱情怎么还没有结束呢？

其实，武帝担心的应该是，持久的旱情会不会意味着自己不配封禅？自己强行封禅是不是招致了天谴？

按照他一贯的做派，遇到这种问题，一定要让专家团来解释。而解释这种问题，无疑是公孙卿最擅长的。

这段记载的原始出处见于《史记·河渠书》和《汉书·郊祀志》，时间的先后顺序不是很明朗，公孙卿有可能在武帝祭祀万里沙的时候就已经做过解释了。

"乾封三年"的"乾"既有"干燥"的"干"这个义项，也有"乾坤"的"乾"这个义项。由于现代汉语文字简化的缘故，表示"干燥"的"乾"被简化成了"干"，而表示"乾坤"的"乾"却保持原样。因为这个典故比较冷门，所以读者较难理解"乾（干）封"真正的含义。

回到正题，既然黄帝封禅时出现过"干封三年"，那么当下这场旱灾非但不是坏事，反而证明了武帝的封禅大典非常成功。毕竟，黄帝不但做世俗统治者做得很成功，还在人生的最后阶段乘龙升天，从凡人升格为神仙。所以，只要公孙卿拿黄帝说事，武帝就特别容易接受。

旱灾有黄帝"干封三年"的好榜样，火灾也有他的好榜样。(《史记·封禅书》[1]) 反正黄帝他老人家就算真有其人，也早已死无对证了。从此，"干封"成为一个文化语码。盛唐文人李宙因为久旱逢甘露，写文章吹捧皇帝："臣闻泽不润下，意欲乾封；岂大明在御，而荒岁或逢。"(《全唐文·卷三百九十七·奉和圣制喜雨赋》) 他写得特别巧妙——先把干旱的原因虚虚实实地引向干封，丝毫不得罪皇帝，然后话锋一转，表示圣君在位，雨迟早会降下来。先把肉麻的话堆起来，这样一来，就算将来真遇到荒年，皇帝也不会责怪李宙。

---

[1] 《史记·封禅让书》："十一月乙酉，柏梁灾。""上还，以柏梁灾故，朝受计甘泉。公孙卿曰：'黄帝就青灵台，十二日烧，黄帝乃治明廷。明廷，甘泉也。'"

东征南伐

原文：

秋，作明堂于汶上。

干封事件之后，武帝又一次大兴土木，在汶水之畔兴建明堂。

明堂是儒家鼓吹的至高无上的礼仪性建筑，是圣王的标配。武帝刚刚执政时，对儒学表现出了极大的热情，不但任用儒家官员赵绾、王臧，而且筹备兴建明堂，但这个计划被太皇太后压制住了。[1] 时隔三十一年，明堂终于建成了。它之所以建在孔孟故里，而不是长安，大概是为了与泰山的封禅祭坛形成呼应。

原文：

上募天下死罪为兵，遣楼船将军杨仆从齐浮渤海，左将军荀彘出辽东，以讨朝鲜。

接下来的大事件就是对朝鲜用兵。武帝照例募集天下死刑犯，然后兵分两路：楼船将军杨仆走水路，

---

[1] 详见前文第057讲。

渡渤海；左将军荀彘走陆路，出辽东。

原文：

初，上使王然于以越破及诛南夷兵威喻滇王入朝。滇王者，其众数万人，其旁东北有劳深、靡莫，皆同姓相杖，未肯听。劳深、靡莫数侵犯使者吏卒。于是上遣将军郭昌、中郎将卫广发巴、蜀兵击灭劳深、靡莫，以兵临滇。滇王举国降，请置吏入朝，于是以为益州郡，赐滇王王印，复长其民。

同一时间，南方也在进行一场军事行动：郭昌和卫广征发巴蜀军队，远征滇国及其周边的若干小国。事情的起因是武帝派使臣出使滇国，告诉他们百越和西南夷都已经被汉帝国征服，希望滇国能识相一点，做汉帝国的藩属国。

滇王自然不愿意接受这种带有羞辱性的要求，从此对汉人很不友好。然而在武帝看来，滇国越是不友好，越是杀人越货，就越是证明了自己大兵压境的正当性，这才促成了郭昌、卫广的南征。

战争顺利结束后，武帝在滇国设置益州郡，并赐给滇王印信，让他继续做当地的统治者。

这段记载说明，滇国及其周边政权应该被汉帝国彻底征服了。但这个新设置的益州郡究竟是由原先的滇王治理，还是由汉帝国派驻的郡守治理，其实并不明确。今天提起益州，我们很自然会想到诸葛亮《出师表》里的"益州疲弊"，认为益州对应的是今天的四川盆地。但在武帝时代初置益州郡时，其疆域大约在今天的云南省中部、南部和西北部一带，治所在滇池县，即今天昆明市晋宁区的东边。

有一种说法认为，益州的名字是从《尚书·禹贡》记载的梁州之地增益而来；还有一种说法表示，这里正当梁州的险隘之地，"益"是"隘"的通假字。(郭声波《〈史记〉地名族名词典》)

朝贡体系

原文：

是时，汉灭两越，平西南夷，置初郡十七，且以其故俗治，毋赋税。南阳、汉中以往郡，各以地比，给初郡吏卒奉食、币物、传车、马被具。而初郡时时小反，杀吏，汉发南方吏卒往诛之，间岁万余人，费皆仰给大农。大农以均输、调盐铁助赋，故能赡之。然兵所过，县为以訾给毋乏而已，不敢言擅赋法矣。

无论如何，汉帝国开疆拓土，在闽越、南越和西南夷新设了十七个郡，而且统治方式相当温和：尽可能维持原状，既不强行改变人家的固有风俗，也不征收赋税。

当初南越之乱，国相吕嘉煽动国人的独立热情，声称南越人民会被汉人当奴隶用，从此做牛做马[1]。然而，当南越真的被征服后，至少在初期，人民的生活负担反而减轻了，甚至比汉帝国固有地区的老百姓负担更轻。

这背后的道理不难理解：武帝开疆拓土，追求的是天下归一的感觉，要的是面子，并不是为了抢人口、夺资源。只要四方蛮夷给足武帝面子，其实一切都好商量。

华夏政权历朝历代的朝贡体系一直都是这个逻辑。所以，南越也好，滇国也罢，只要拉得下脸伏低做小，积极主动地在朝贡体系里对号入座，那么汉帝国大概率不会动用大军，将其纳入直辖郡县。

也正因为这个逻辑，汉帝国对待大家庭里的新成员，不但不会剥削压迫，反而会给予各种优待政策——这部分成本自然就转嫁到了老成员的头上。至于热乎

---

[1] 详见前文第152讲。

劲儿过了之后，汉政权会用什么方式从新地盘和新臣民身上获利，那就以后再说了。

当下令人为难的是，人的归属感变了，原来的王公贵族被剥夺了相当一部分权力，所以叛乱屡屡爆发，朝廷也不得不屡屡镇压。幸而有桑弘羊主持财政，朝廷不缺钱，有叛乱就平叛，人力物力都耗得起。

问题是，要用人用钱去摆平偏远地区的叛乱，物流成本可以想见会非常高。而朝廷的办法倒也简单，就是征调邻近郡县的人力物力，和中央财政的统筹调拨双管齐下。而平叛南方这一片新领地的负担，自然就落在了巴蜀和汉中一带。

《资治通鉴》这一段记载的原始材料来自《史记·平准书》，其中好多语句难以读懂。我只能参照学者们各自的理解，勉强梳理出来这样一个意思，虽然可能经不起推敲，但目前暂时没有更好的解读方法了。

张汤第二

原文：

是岁，以御史中丞南阳杜周为廷尉。周外宽，内深次骨，其治大放张汤。时诏狱益多，二千石系者，新故相因，不减百余人；廷尉一岁至千余章，章大者连逮证案数百，小者数十人，远者数千、近者数百里会狱。廷尉及中都官诏狱逮至六七万人，吏所增加，十万余人。

最后总览一下这一年的政治面貌，材料来自《史记·酷吏列传》：头等大事是杜周担任廷尉，这决定了司法系统的基本风格。

杜周相当于张汤第二，满世界兴大狱。当时武帝频繁查办高官，诏狱特别多，监狱里关满了部长级的干部，旧的去，新的来，总数始终维持在一百多人。

部长级干部尚且如此，其他人的情况就更不用说了。审案时，疑犯连同证人多则几百人，少则几十人，远则几千里外，近则几百里外，通通押解到长安审理，而且要求按指定方式招供，否则便严刑拷打。疑犯遭罪也就罢了，就连证人都能脱一层皮。

这倒解释了为什么这些年来东征西讨，最主要的兵源竟然是罪犯，尤其是死刑犯。武帝要用兵时，就发布赦令，赦免一批罪犯，让他们戴罪立功。罪犯打仗时，杀敌立功的积极性比普通士兵更高，仗打胜了也用不着朝廷给物质性的赏赐，只要动动嘴皮子，赦了他们的罪，就已经是最大的恩典。

这样一来，军费开支不再是朝廷不堪承受之重。

这背后的逻辑是：对待安善良民，皇帝必须是"天地君亲师"，官员必须是民之父母，总不好意思没收人家的财产还奴役人家吧。但对待罪犯就不一样了。打击罪犯就是维护公序良俗，给罪犯改过自新的机会就是皇恩浩荡。也因为这样，罪犯从社会上必须铲除的恶，变成了帝国的宝贵财富。

元封二年的大事件到此结束。

汉武帝元封三年

162

汉军东征朝鲜的局面有多复杂

原文：

（三年）

冬，十二月，雷，雨雹，大如马头。

这一讲我们进入新的一年，武帝元封三年（前108年）。年初的第一件大事是一场奇异的自然灾害：冰雹大如马头。

我们很难相信这是真实发生过的事情，毕竟马头大小的冰雹至少也要几十斤重。《资治通鉴》单摆浮搁地记录了这件事，我们读不出所以然来，但如果追溯到《汉书·五行志》，联系上下文，含义就很清楚了。

《汉书·五行志》论述雹灾时，引述了《左传·昭公四年》中的一句名言，意思是，圣人在位时不会有冰雹出现，即使有，也不会造成灾害。

历数各个时代的雹灾，鲁昭公三年发生过一次，当时鲁国季氏专权，架空了国君，后来甚至把国君赶到外国去了；元封三年发生过一次，冰雹大如马头；汉宣帝地节四年发生过一次，鸡蛋大小的冰雹砸死了二十人，没几个月就爆发了霍家人谋反大案，皇后被废。

结合上下文来看，这场大如马头的冰雹灾害应该对应着一场权臣谋反的阴谋，但不知道是传抄错误还是别的什么原因，竟然没有详细记录，马上就接到汉宣帝时代的事情了。但我们闻弦歌而知雅意，这一年的朝廷恐怕不是很太平。

赵破奴击车师

原文：

上遣将军赵破奴击车师。破奴与轻骑七百余先至，虏楼兰王，遂破车师，因举兵威以困乌孙、大宛之属。春，正月，甲申，封破奴为浞野侯。王恢佐破奴击楼兰，封恢为浩侯。于是酒泉列亭障至玉门矣。

年初传来捷报，赵破奴在西域打赢了。事情的起因是汉帝国派去西域的使者普遍素质偏低，考核压力极大，导致他们在西域惹了不少麻烦，甚至闹到了刀兵相见的程度。使者回国后，不断怂恿武帝进兵西域，扬汉国威。于是，武帝派赵破奴发动西征。[1]赵破奴甩开大部队，亲自带领七百名轻骑兵打前锋，顺利俘虏了楼兰王，又攻破了车师国，让乌孙、大宛等国见识了汉帝国的兵威。武帝封赵破奴为浞（zhuó）野侯，封另一名有功将领王恢为浩侯。从此，汉帝国拓展了河西走廊的防御范围，从酒泉到玉门都有汉军驻防的堡垒。

需要解释一下，楼兰是吐火罗人建立的邦国，位置在今天的新疆若羌县一带。赵破奴虽然俘虏了楼兰王，但随后就把人放了，只是小示惩戒，没有把事态扩大。至于车师，又名姑师，疆域在今天新疆吐鲁番市、乌鲁木齐市和昌吉回族自治州一带。被汉军攻破后，车师国陷入了四分五裂的局面。而所谓玉门，是指敦煌以东、酒泉以西的地区，并不是我们熟悉的那座玉门关。要等到武帝后元年间，玉门关才迁到敦煌郡西北一百六十里的地方，成为"春风不度玉门关"

---

[1] 详见前文第157讲。

的那座玉门关。(魏迎春、郑炳林《西汉时期的玉门关及其性质——基于史籍和出土文献的考论》)

原文：

初作角抵戏、鱼龙曼延之属。

《资治通鉴》接下来穿插了一则娱乐新闻：角抵戏和鱼龙曼延一类的活动首次出现。这些活动到底是怎么回事，已经不得而知：角抵戏可能类似于相扑，鱼龙曼延可能类似于舞龙。

边打边谈

原文：

汉兵入朝鲜境，朝鲜王右渠发兵距险。楼船将军将齐兵七千人先至王险。右渠城守，窥知楼船军少，即出城击楼船；楼船军败散，遁山中十余日，稍求退散卒，复聚。左将军击朝鲜浿水西军，未能破。

下面终于接上了朝鲜事件。

汉军东征朝鲜，杨仆走水路，荀彘走陆路，又是一次分进合击的打法，又一次重蹈了每一次分进合击打法的覆辙——杨仆统率齐地七千士兵率先到达王险城下，但荀彘军团还在半路上，朝鲜国王卫右渠当即出击，一战击溃了杨仆兵团。

杨仆花了十多天时间，才把溃散到山里的残兵败将归拢起来。荀彘那边也不顺利，还没跟杨仆会师，就已经在浿水被朝鲜军队阻截住了。

此时的局面非常尴尬——杨仆方面独木难支，而荀彘方面无力寸进。怎么办？

原文：
天子为两将未有利，乃使卫山因兵威往谕右渠。

武帝想到的办法是，两支军团不用行动，只要保持威慑力就可以了。他派使者卫山出使王险城，争取说降卫右渠。

这个方案之所以具有可行性，是因为汉帝国和朝鲜国力悬殊。杨仆和荀彘即使未能获胜，至少也能让朝鲜人知道，汉帝国有能力承担东征的成本，这次没打赢还有下次，看谁耗得过谁。退一步说，朝鲜即使服软，也不会有什么实质性的损失，只要加入汉帝国的朝贡体系，大概率还会得到一些实惠。因此，从朝鲜的角度来看，最佳策略是见好就收，以和谈结束战争。

太子朝觐

原文：

右渠见使者，顿首谢："愿降，恐两将诈杀臣。今见信节，请复降。"遣太子入谢，献马五千匹，及馈军粮。人众万余，持兵方渡浿水。使者及左将军疑其为变，谓太子："已服降，宜令人毋持兵。"太子亦疑使者、左将军诈杀之，遂不渡浿水，复引归。山还报天子，天子诛山。

卫右渠似乎真的打算投降。他不仅在使者卫山面前说尽软话，实事也做得很到位：派太子随卫山回国朝觐天子，并且献马五千匹，为汉军供应粮饷。

卫右渠的表现，大概超出了所有人的预期。但棘手的问题很快出现了：朝鲜太子竟然带着一万多名武士，准备全副武装渡过浿水边界。卫山和荀彘不放心，劝太子说："既然都是一家人了，就不要让扈从人员带武器了吧。"

这话虽合理，但站在朝鲜太子的角度，殷鉴不远，他难免疑神疑鬼，怀疑卫山和荀彘要骗自己渡江，然后趁机把自己杀掉。怎么办呢？算了，那就不渡江了吧。卫山没办法，只好硬着头皮回长安交差，被武帝问罪处斩。

卫山和荀彘确实多虑了，以当时朝鲜的实力，就算只是诈降，也不可能在汉帝国占到多大的便宜；朝鲜太子同样多虑了，他不了解朝贡体系的基本逻辑，不明白汉帝国想要的不过是朝鲜国名义上的低头服软而已。

但只要还原到历史的具体情境中，就会发现，大国博弈的逻辑在这里其实行不通。朝鲜太子才看到汉朝使者涉何刺杀本国大将，汉天子非但不道歉、不缉凶，反而给涉何升了职，这些汉人显然奸得很，信不得。而汉帝国才看到朝鲜奇兵突袭辽东，在汉帝国的疆域之内悍然击杀高级军官涉何大人，又击溃了杨仆军团，成功阻截了荀彘军团，"非我族类，其心必异"，像这样凶残狡诈的蛮夷，不可不防。

原文：

左将军破浿水上军，乃前至城下，围其西北，楼船亦往会，居城南。右渠遂坚守城，数月未能下。左将军所将燕、代卒多劲悍，楼船将齐卒已尝败亡困辱，卒皆恐，将心惭，其围右渠，常持和节。左将军急击之，朝鲜大臣乃阴间使人私约降楼船，往来言尚未肯决。左将军数与楼船期战，楼船欲就其约，不会。左将军亦使人求间隙降下朝鲜，朝鲜不肯，心附楼船，以故两将不相能。左将军心意楼船前有失军罪，今与朝鲜私善，而又不降，疑其有反计，未敢发。

事情发展到这一步，双方就只能争个你死我活了。荀彘强渡浿水，驻军在王险城西北；杨仆收拾残兵败将，驻军城南。当初预期的分进合击、左右夹击的态势终于呈现出来了。只是，荀彘这边强攻猛打，杨仆那边却因为先前的败绩没了士气，和谈的意愿特别强。

卫右渠永远对杨仆虚与委蛇，商量投降条件，却并不真的投降。荀彘永远在和杨仆联络，要求在指定时间发起两面夹击，而杨仆每次都会答应，但每次都不配合。荀彘也派出和谈使者跟卫右渠商量和谈条件，但对方坚定拒绝，表示自己只和杨仆将军谈条件。

结果，一个本来只是你死我活的简单问题，竟然变成了无比复杂，注定没有解析解的三体问题。荀彘不禁开始怀疑：杨仆这个败军之将是不是已经和朝鲜人勾搭成奸了？

公孙遂被诛

原文：

天子以两将围城乖异，兵久不决，使济南太守公孙遂往正之，有便宜得以从事。遂至，左将军曰："朝鲜当下，久之不下者，楼船数期不会。"具以素所意告，曰："今如此不取，恐为大害。"遂亦以为然，乃以节召楼船将军入左将军营计事，即命左将军麾下执楼船将军，并其军；以报天子，天子诛遂。

军事行动陷入了胶着状态，武帝没耐心，派济南太守公孙遂到朝鲜监督战况，相机行事。我们可以简单理解为：公孙遂手握尚方宝剑，荀彘和杨仆都归他管。这就意味着，原本各自为政的两个军团，终于迎来了最高统帅。而公孙遂到底先去哪儿，后去哪儿，成了一个生死攸关的问题。

假如公孙遂先和杨仆会和，那么他大概率会相信杨仆的意见，想方设法弄倒荀彘。现实是，公孙遂先见到的是荀彘，这就决定了后来所发生的一切。

公孙遂完全听信了荀彘的意见，怀疑杨仆使坏，于是征召杨仆会面，把他拘捕，将两支军团合并，并向武帝奏报。

《资治通鉴》记载，武帝得到奏报后，竟然处死了公孙遂。司马光在《通鉴考异》里特意解释说，在这件事上，《史记》和《汉书》一字之差，含义截然相反。如果依照《史记》，武帝批准了公孙遂的做法；但根据《汉书》，明明就是荀彘为了抢功劳而诬陷杨仆，武帝一定是知道这件事，所以才会杀了公孙遂。

如果大胆推测，我相信公孙遂确实被杀了，理由我会在下一讲再谈。但无论如何，杨仆被剥夺了指挥权，荀彘总领两军，对王险城展开了不遗余力的强攻。

这样一来，王险城内的朝鲜达官显贵就必须重新评估形势了：到底还要不要维持原有的战略方针，坚城固守下去呢？如果要改变策略，又该怎么说服国王卫右渠呢？

163

平定朝鲜的结局为何令人费解

这一讲我们继续关注武帝元封三年（前108年）的朝鲜事件。杨仆和荀彘的两路大军原本打算分进合击，实际却因为各自为政，未能形成合力。不仅如此，杨仆还不断给荀彘拆台，导致王险城迟迟攻不下来。直到武帝派出济南太守公孙遂，才打破了胶着的态势。

从荀彘的角度看，事情推进到这一步，只能胜，不能败。在他破釜沉舟式的强攻下，王险城被攻克看来只是时间问题了。

朝鲜内乱

原文：

左将军已并两军，即急击朝鲜。朝鲜相路人、相韩阴、尼谿相参、将军王唊相与谋曰："始欲降楼船，楼船今执，独左将军并将，战益急，恐不能与战；王又不肯降。"阴、唊、路人皆亡降汉，路人道死。夏，尼谿参使人杀朝鲜王右渠来降。王险城未下，故右渠之大臣成己又反，复攻吏。左将军使右渠子长、降相路人之子最告谕其民，诛成己。

王险城内的人们看清了败亡的命运，人心开始涣散。

我们看古今中外的各种战争，凡是坚城固守的局面，守城方最怕人心涣散，而攻城方总是想方设法让城内的守军士气涣散。攻城方的经典策略是围三缺一，特意不封死包围圈，让守军知道随时都有逃路；守城方的经典策略是制造势不两立的局面，让每个守军心里都清楚，无论逃亡还是投降，都只有死路一条。

回想一下战国年间的齐国统帅田单是怎样固守孤城的——他主动激化矛盾，诱使燕国人虐待齐国俘虏、刨齐国人的祖坟，把敌人妖魔化，从而使城中军民同仇敌忾，真正团结在一起。

其实，现在摆在朝鲜国王卫右渠面前的是一个类似的问题。如果卫右渠有足够的历史经验，也知道田单守城的案例，那么眼下就是照方抓药的时候了。

但卫右渠并没有经验和案例，他甚至没有察觉到自己身边的高级官僚们开始交头接耳，准备抛弃自己了。先是几名高官出城投降，不久之后，又有高官刺杀了卫右渠，出城投降。但卫右渠死后，朝鲜大臣成已继续坚守王险城。最后，先前那些投降的官员出面晓谕朝鲜百姓，杀了成已，这场仗才算结束。

平定朝鲜

原文：

以故遂定朝鲜，为乐浪、临屯、玄菟、真番四郡。

接下来该怎么办呢？按照传统，汉帝国会扶植一位新王，并正式确立藩属关系。但可能是因为最近几年汉帝国一直在开疆拓土、高歌猛进，所以这次它并没有采取传统做法，而是顺势将朝鲜国和至少朝鲜半岛的北部纳入郡县体系，分为乐浪、临屯、玄菟（tú）、真番四郡。

乐浪郡的郡治位于今天的朝鲜平壤附近，大同江南岸还能看到当年乐浪郡治的遗址。临屯郡和玄菟郡也都在今天的朝鲜境内，只有真番郡的地理位置依然存疑。日本学者西嶋定生概括："有北方和南方两种说法，支持北方说的学者认为它位处鸭绿江中游地区（在这种情况下，玄菟郡位于今咸镜南道地区），支持南方说的学者则认为其位处今庆尚北道地区，或者在今忠清南道和全罗北道之间。"（［日］西嶋定生著，顾珊珊译《秦汉帝国：中国古代帝国之兴亡》）简单理解，如果采信南方说，那么就连朝鲜半岛南部的主体部分也归入了汉帝国的直辖郡县。

虽然朝鲜四郡历经变迁，但自武帝设置四郡以后的四个多世纪里，朝鲜半岛的北部一直处于中原政权的直辖之下，直到被高句丽攻占。

诛杀荀彘

原文：

封参为澅清侯，阴为荻苴侯，唊为平州侯，长为几侯，最以父死颇有功，为涅阳侯。左将军征至，坐争功相嫉乖计，弃市。楼船将军亦坐兵至列口，当待左将军，擅先纵，失亡多，当诛，赎为庶人。

武帝当然要给功臣加官晋爵，但有一件事情很蹊跷：封侯的一批人尽是朝鲜投降派，首功之臣荀彘却不在功臣名单里。

原来，荀彘被召回长安，武帝问了他一个争功嫉妒、破坏作战计划的罪名，把他杀了。对杨仆的发落稍微轻些，说他争功抢跑、损兵折将，本该斩首，但皇恩浩荡，准他缴纳罚款，赎回性命，贬为平民。

上一讲谈到，《史记》和《汉书》对前线统筹公孙遂的最终命运各执一词。从荀彘和杨仆的下场来看，《史记》更可能是正确的。一来，如司马光分析的那样，既然荀彘被问了死罪，那么公孙遂站在荀彘一边，利用特权帮荀彘拘捕杨仆，显然要和荀彘同罪。二来，史料交代了主要人物的结局，荀彘被杀，杨仆赎为平民，却没公孙遂什么事，说明公孙遂大概率已经先荀彘一步被杀了。

事情的真相到底是什么呢？从现有史料来看，公孙遂作为朝廷特使，手握尚方宝剑，如果不是他果断拘捕了杨仆，僵局依然不会被打破。所以，公孙遂的处理方式合情合理，真不知道他怎么就被杀了。

荀彘的做法同样挑不出毛病。他从头到尾敢拼敢打，也没有表现出与杨仆争功的意图。后来，由于杨仆的表现引起了荀彘和公孙遂的怀疑，二人才会联手拘捕杨仆。荀彘被杀的罪名是嫉妒同僚，为了争功不惜破坏原定的作战计划。问题在于，这个罪名更适合扣在杨仆，而不是荀彘头上。真正为了争功而不择手段的杨仆反而只被问了一个轻罪，最后虽然不能说是全身而退，至少保全了性命。是非曲直颠倒到这个程度，真让人百思不得其解。要么是武帝这个时候已经头脑不清，开始露出昏君的苗头，要么是作战经过并没有被全部记录在案，缺失的那些内容确实可以坐实公孙遂和荀彘的罪名。

《史记·卫将军骠骑列传》附有荀彘的简短履历，说荀彘出征朝鲜，因为逮捕杨仆的罪名被依法处死，没有功劳。如果这段记载属实，不知道"没有功劳"是指荀彘立下的汗马功劳没有得到朝廷的认可，还是《史记·朝鲜列传》中对荀彘敢拼敢打的描述只是传言。

真相已经不得而知了。司马迁在《史记·朝鲜列传》的结尾，对整件事中的人物逐一进行了点评：卫右渠自以为占了地利，政权稳固，结果国破家亡，断了卫家的香火；涉何为了立功，刺杀朝鲜将军，让两个国家兵戎相见；杨仆心胸狭隘，招致了不必要的怀疑；荀彘因为争功，和公孙遂一样被朝廷诛杀；无论是杨仆军团还是荀彘军团，全都打得很糟糕，两军的指战员没有一个人因功封侯。

这也算开历史的先河了。先前的各种军事行动，胜利之后总要论功行赏、封侯赐金，唯独这次不一样——明明征服了朝鲜，一战开辟了乐浪四郡，从战略高度来看，相当于斩断了匈奴的左臂。先前浑邪王归降，河西走廊打通，已经斩断了匈奴右臂。这一下匈奴左膀右臂都没了，再也无法掀起冒顿单于时代的狂风大浪。取得了如此重要的军事成就，不但没人封侯，两位主帅还一个被杀，一个贬为平民，真让人看不懂。

打通东亚

原文：

班固曰：玄菟、乐浪，本箕子所封。昔箕子居朝鲜，教其民以礼义，田蚕织作，为民设禁八条，相杀，以当时偿杀；相伤，以谷偿；相盗者，男没入为其家奴，女为婢；欲自赎者人五十万。虽免为民，俗犹羞之，嫁娶无所雠。是以其民终不相盗，无门户之闭，妇人贞信不淫辟。其田野饮食以笾豆，都邑颇放效吏，往往以杯器食。郡初取吏于辽东，吏见民无闭臧，及贾人往者，夜则为盗，俗稍益薄，今于犯禁寖多，至六十余条。可贵哉，仁贤之化也！然东夷天性柔顺，异于三方之外。故孔子悼道不行，设浮桴于海，欲居九夷，有以也夫！

《资治通鉴》在事件的最后引用了班固《汉书·地理志》的一段文字，大意是说，乐浪、玄菟一带原本是周武王灭商之后给商朝贤人箕子的封国。箕子当年给这片土地带来了礼义和农耕、纺织技术，禁令只有简单的八条，所以朝鲜民风淳朴，路不拾遗，夜不闭户。划入汉帝国郡县体系之后，郡县官吏一开始都是从邻近的辽东郡派来的，同时到来的还有不少商人。这些汉人到朝鲜后，发现这里简直就是个为非作歹的乐园。本地人不是夜不闭户吗？汉人就趁着夜色为所欲为，朝鲜的民风因此败坏。到了班固生活的东汉时代，朝鲜当地的法令已经从当初的寥寥八条发展到了六十多条。但即便如此，朝鲜人天性温和，与北方、西方、南方的蛮夷还是很不一样。

司马光的引述到此为止。其实班固接下来说了一条很重要的信息：乐浪海中有倭人，分为上百个国家，年年都来朝贡。(《汉书·地理志下》)这条记载很简短，也不好说在多大程度上是靠谱的。

《后汉书·东夷列传》有更加详细的记载：武帝灭掉朝鲜之后，在大海之外的一百多个倭国政权中，有三十几个和汉帝国通使。倭国统治者在国内都称王，这是他们的传统。大倭王住在邪马台国，距离乐浪郡的边境一万二千里。

这就意味着，汉帝国通过征服朝鲜，打开了一个向东的通道，和日本列岛的各个倭人政权取得了联系。有史可查的中日交流就是从这个时间点开始的。借用日本学者寺泽薰的说法："乐浪郡的设置是一个标志性事件，它标志着倭国加入了以汉朝为中心的东亚政治世界。"（［日］寺泽薰著，米彦军、马宏斌译《王权的诞生：弥生时代—古坟时代》）

原文：

秋，七月，胶西于王端薨。

武都氏反，分徙酒泉。

这一年最后提到的两件事情是：胶西王刘端过世；武都郡有氐族人叛乱，汉政府将他们迁徙到酒泉郡安置。

元封三年到此结束。

汉武帝元封四年至五年

164

乌维单于怎么和汉帝国虚与委蛇

原文：

（四年）

冬，十月，上行幸雍，祠五畤。通回中道，遂北出萧关，历独鹿、鸣泽，自代而还，幸河东。春，三月，祠后土，赦汾阴、夏阳、中都死罪以下。

夏，大旱。

这一讲我们进入武帝元封四年（前107年）。一年之初，武帝照例祭神、巡游，并颁布大赦。从冬天到春天，一轮活动结束后，夏天如往常一样又遭遇了大旱。不过，武帝可能也不担心了，毕竟按照公孙卿的说法,"干封三年",这三年过完就会好的。

匈奴反复

原文:

匈奴自卫、霍度幕以来,希复为寇,远徙北方,休养士马,习射猎,数使使于汉,好辞甘言求请和亲。汉使北地人王乌等窥匈奴,乌从其俗,去节入穹庐,单于爱之,佯许甘言,为遣其太子入汉为质。汉使杨信于匈奴,信不肯从其俗,单于曰:"故约汉尝遣翁主,给缯絮食物有品,以和亲,而匈奴亦不扰边。今乃欲反古,令吾太子为质,无几矣。"信既归,汉又使王乌往,而单于复诒以甘言,欲多得汉财物,绐谓王乌曰:"吾欲入汉见天子面,相约为兄弟。"

这一年的重点是匈奴问题。此时的匈奴被打成重伤,安静地蜷缩在遥远的北方,一边休养生息,一边摆出积极和解的姿态,频繁派使臣到汉帝国沟通,说尽了好话,希望恢复当年的和亲关系。汉帝国派出使臣回访,直接和乌维单于面对面交谈。

乌维单于与他的列祖列宗非常不同,特别会信口开河,聊高兴了就说要把太子送到长安当人质,不高兴了就说从前都是汉帝国嫁公主、翁主过来,还带着丰厚的嫁妆，现在怎么可以颠倒过来，要求匈奴送太子当人质呢？

乌维单于到底是怎么想的呢？汉帝国又派使者跟他确认，结果单于又堆起了笑脸，说送不送太子都是小事，他本人准备亲赴长安见见当今天子，当面约为兄弟。

使臣病故

原文：

王乌归报汉，汉为单于筑邸于长安。匈奴曰："非得汉贵人使，吾不与诚语。"匈奴使其贵人至汉，病，汉予药，欲愈之，不幸而死。

单于的表态让武帝大喜过望。只要他肯来长安，不管是约为兄弟还是其他关系，都构成了朝贡的事实，这就相当于匈奴正式认汉帝国当自己的宗主国。

看看前些年的情况，即便是南越，从第一代国君就加入了汉帝国的朝贡体系，但也只是派使臣或太子来长安，国君本人总是以生病为由，不肯离开自己的大本营。如今匈奴单于准备亲自来长安朝贡，这件光宗耀祖的事情，怎能不让武帝心花怒放？

武帝为了表现诚意，在长安为乌维单于兴建豪华官邸。官邸落成了，对方却始终未至。乌维单于的真实意图可能只是想拿空话换实惠。他说："除非你们有贵人来出使，否则我是不会讲心里话的。"他想表示，不是我不讲诚信，而是先前那些汉使都是人微言轻的小角色，让人信不过。

乌维单于率先派出了身份尊贵的使者，这看起来会带来一连串的外交升级，再有两三轮往来，估计就是你派右贤王出访，我派御史大夫回访。但意外发生了：匈奴这位贵使在长安生了重病。汉帝国努力尽地主之谊医治，但最终未能治愈。

原文：

汉使路充国佩二千石印绶往使，因送其丧，厚葬，直数千金，曰："此汉贵人也。"单于以为汉杀吾贵使者，乃留路充国不归。诸所言者，单于特空给王乌，殊无意入汉及遣太子。于是匈奴数使奇兵侵犯汉边。乃拜郭昌为拔胡将军，及浞野侯屯朔方以东，备胡。

下一步怎么办呢？武帝派路充国佩戴二千石级别的印绶，护送匈奴贵使的灵柩回家，还带上了极其丰厚的随葬品。

不怕没好事，就怕没好人。匈奴贵使的死只是一场意外，但乌维单于偏要借机耍混，栽诬汉人谋杀，使者路充国也被扣留了下来。两国这段时间如同蜜里调油的外交活动就此终结，以后没得谈，只有打。匈奴频繁侵扰边境，武帝派郭昌、赵破奴屯兵朔方以东，加强戒备。

贵使出访

武帝终于明白过来了，乌维单于没有半点诚意，先前的各种花言巧语都是假的。当然，如果说武帝一直对乌维单于掏心掏肺，显然也是夸大其词。就拿派路充国出使这件事来说，乌维单于要求武帝派出贵使，但武帝并没有真的派一位二千石级别的高官，而是临时选中了路充国，让他佩戴二千石级别的印绶。

佩戴印绶出使的路充国给匈奴人留下了一个印象：二千石级别的使臣才是贵使，才能体现尊重。所以，后来在汉匈的外交活动中，汉帝国派出的使臣多是比二千石的中郎将，这些人看起来不仅级别高，还是皇帝身边的亲信。

当然，这只是"看起来"。后来苏武受命出使匈奴，当时他的职位是栘（yí）中厩监，也就是在皇家宫

苑里管理马厩的，但武帝马上封他为中郎将，让他以此身份持节出使。(《汉书·李广苏建传》)

这其实是路充国事件的余波。要知道，苏武如果真的从栘中厩监直接被提拔为中郎将，那简直就是一步登天。所以苏武这个中郎将，连一天的实权都没有。《汉书·昭帝纪》记载苏武被匈奴扣留十九年之后归国，很诚实地称他为"栘中监苏武"，而不是"中郎将苏武"。后来，苏武因为"奉使全节"的惊艳表现，才被升职为典属国，真正进入了二千石级别。

置十三部刺史

原文：

（五年）

冬，上南巡狩，至于盛唐，望祀虞舜于九疑。登灊天柱山，自寻阳浮江，亲射蛟江中，获之。舳舻千里，薄枞阳而出，遂北至琅邪，并海，所过礼祠其名山大川。春，三月，还至太山，增封。甲子，始祀上帝于明堂，配以高祖；因朝诸侯王、列侯，受郡、国计。夏，四月，赦天下，所幸县毋出今年租赋。还，幸甘泉，郊泰畤。

长平烈侯卫青薨。起冢，象庐山。

我们回到《资治通鉴》的时间线,进入元封五年(前106年)。这一年,卫青过世,他的坟墓被修成了庐山的形状。

这里所谓的庐山,应该是匈奴地界的一座大山,但具体是哪一座已经无从考证。卫青墓和霍去病墓一个以庐山为造型,一个以祁连山为造型,守在茂陵两侧。1936年,李书华先生考察陕西各地的古迹,途经卫青墓时说,只看得出是个大土丘,并没有任何特别之处。(李书华《陕游日记》)

原文:

上既攘却胡、越,开地斥境,乃置交趾、朔方之州,及冀、幽、并、兖、徐、青、扬、荆、豫、益、凉等州,凡十三部,皆置刺史焉。

元封五年最醒目的大事件,是武帝设置十三部刺史。《资治通鉴》的记载既简略又含混,大意是说,既然这些年开疆拓土,新添了许多郡县,旧有的行政管理模式就需要调整。于是,武帝设置了"交趾、朔方之州",还有冀州、幽州、并州、兖州、徐州、青州、扬州、荆州、豫州、益州、凉州等,共十三部,分别设置刺史官职。

州和部

这段内容乍看起来既熟悉又陌生。熟悉的是,《三国演义》里那些耳熟能详的地理名词一齐涌现;陌生的是,一会儿说州,一会儿说部,两者到底是什么关系呢?"交趾、朔方之州"和冀州、幽州那些州是平级吗?

司马光的史料源头应该是《汉书·地理志》中的一段绪论。原文虽然还是有点语焉不详,但大体可以判断,交趾、朔方和冀州、幽州都是平级的州,州和部基本可以看作一回事儿。

但班固在这段绪论之后详细记录了十三名刺史负责的范围,其中有一些矛盾:并州刺史负责九个郡,其中包括朔方郡,并不存在一个地方叫朔方州;绪论没有提到交州,但此处却出现一个交州,交州刺史负责七个郡,其中就有交趾郡。

也就是说,交趾和朔方依旧只是郡一级的行政区,受州刺史的监察。这些矛盾显而易见且无法调和。在《资治通鉴》这一段正文下,胡三省旁征博引,试图解释清楚,结果越描越乱。直到 2007 年辛德勇先生发表《两汉州制新考》,才梳理出了比较清晰的脉络。

按照辛德勇先生的考证,州和部是两码事,不可以混为一谈。

州的建制很可能在汉朝初年就有了。根据《尚书·禹贡》分天下为九州的规划,皇帝将管辖能力所及的地方分为九份,派遣使者代替自己分头视察。到了文帝前十二年(前168年),"除关无用传",出入关卡不必使用通行证了,为了弥补关禁松弛之后可能带来的危害,文帝从第二年开始将原先的视察区改为监察区,让中央特派员到各郡监察地方高官和豪强有没有违法乱纪。特派员共九名,对应九州。

到了元封三年(前108年),九州拓展为十二州。元封五年新设置了十三刺史部,也就是十三个固定的监察区,其中有十一个刺史部沿用了十二州中的州名,这才造成了理解上的混淆。十二州当中,中州由朝廷直管,所以未设刺史部。《资治通鉴》中交趾和朔方之所以被单独提出来交代,是因为十二州中除了中州,其余十一个都设有和州同名的刺史部,刺史部的管辖范围也和每个州的范围相当。在这个基础上,从扬州划出南越故地,设为交趾刺史部,再从并州划出元朔二年占领的"河南地"及其邻近地区,设为朔方刺史部,十三刺史部就是这么来的。(辛德勇《两汉州制新考》)

每个刺史部由一名刺史负责监察。根据颜师古援引东汉学者蔡质《汉官典职仪》的说法，刺史的监察标准是"六条问事"，如果超出了这六条标准，郡太守可以置之不理。

那么问题来了：郡太守都是二千石级别的高官，如果派十三部刺史去监察郡太守，刺史该是什么级别呢？

165

武帝为什么不拘一格下诏求贤

大小相制

先公布答案:刺史只有六百石级别。可是,以低级官员监察二千石级别的高级官员,怎么行得通呢?

与司马光同时代的学者马永卿对武帝的这个安排有一句很精辟的评语,在他的学术笔记《元城语录》中,原话是这样的:"秩六百石,而得按二千石不法,其权最重。秩卑则其人激昂,权重则能行志。"后来,顾炎武对这个意思做了骈四俪六的表述:"夫秩卑而命之尊,官小而权之重,此大小相制,内外相维之意也。"([清]顾炎武撰,[清]黄汝成集释《日知录集释·卷九》)

简单理解,"权"就是秤砣,刺史就好比秤砣,虽小却可以压千斤。这种管理思路后来被历朝历代不断学习。背后的道理很简单,六百石不但输得起,而且上升空间大，所以敢打敢拼；二千石刚好相反，不但输不起，而且上升空间小，所以小心为上。不过，这项制度真的可以顺利运转下去吗？

事实上并没有。因为武帝时代新增的郡国太多了，旧有的郡国制有点不太适用。汉承秦制，"秦王扫六合"后，全国最初设置三十六郡，后来增加到四十八郡左右。(辛德勇《秦始皇三十六郡新考》) 到了刘邦时代，除了沿袭秦朝的郡县制之外，又恢复了分封制，全国实行郡国二元制，郡一级的行政区增加到了六十个左右。(周振鹤《汉郡再考》)

武帝在四面八方开疆拓土，不断增设新郡，主父偃的推恩令也已经施行多年，诸侯国越切越碎。大大小小这么多的郡国，自然增加了管理难度。所以，重新整合天下郡国，以简驭繁，这是不可避免的发展趋势。过不了多久，刺史的职责就会突破前面提到的"六条问事"，而刺史也开始有了地方官的模样，州也会逐渐变成最高一级的行政区划。

但皇帝应该会觉得有点为难：一方面，他不想管理起来太吃力、太琐碎，另一方面，他又不希望行政区的规模过大，因为这会导致地方官的权力过大。因此，这方面制度性的转变总是进三步退两步。

下诏求贤

原文：

上以名臣文武欲尽，乃下诏曰："盖有非常之功，必待非常之人。故马或奔踶而致千里，士或有负俗之累而立功名。夫泛驾之马，跅弛之士，亦在御之而已。其令州、郡察吏民有茂才、异等可为将、相及使绝国者。"

元封五年的另一件大事是武帝下诏求贤。

按理说，皇帝下诏求贤，督促各州各郡举荐民间人才是老生常谈，不算什么稀奇之事。但这一次的诏书有点不同。

求贤的缘起是武帝发现那些有名气的文臣武将已经凋零殆尽，可能这一年卫青的过世让武帝受到了一点触动吧。再加上他用人的风格越来倾向"使功不如使过"，那些戴罪立功的人一旦踏上征程，等待他们的结局也许是立功赎罪，也许是二罪归一。这样一轮轮筛选下来，能挺到最后的人寥寥无几。此外就是酷吏政治。前文讲过，当时武帝频繁查办高官，诏狱特别多，监狱里关满了高级官员，旧的去，新的来，总数始终维持在一百人左右。[1]

汲黯在世时,就严厉批评过武帝的用人风格——像武帝这样搞,用不了多久,天下贤人就都被杀光了。当时武帝却笑了,说人才在任何时代都不缺,缺的只是识人之明。[2] 汲黯言犹在耳,如今武帝真的发现朝廷缺人才了。

不过,武帝执政多年,只要政治上了轨道,就该按部就班,而不该再有求贤若渴的心态。但他发布这道诏书,显然心里还有亟待实现的宏图大业。

诏书的内容文学性很强,劈头一句"盖有非常之功,必待非常之人"。话挑明了,这回要的人不是一般的文人儒士,要办的事也不是普通的行政事务,所以必须不拘一格。为什么非要不拘一格呢?诏书马上给出理由:"故马或奔踶(dì)而致千里,士或有负俗之累而立功名。"意思是说,有些马虽然桀骜不驯,却能奔驰千里;有本事的人虽然不被世俗接受,却可以建功立业,这取决于如何驾驭他们。所以,朕命令各州各郡的负责人考察民间有没有特殊人才,要有能力担任将相和出使远方国家的。

---

[1] 详见前文第161讲。

[2] 详见前文第127讲。

不拘一格

这道诏书出自《汉书·武帝纪》,原文有这样一句:"其令州、郡察吏民有茂才、异等。"所谓"茂才",当时叫"秀才",《汉书》要避光武帝刘秀的讳,这才改称茂才,后来还是"秀才"这个称呼更流行。负责察访人才的是"州、郡",包括郡一级和州一级的长官,这是诏书里第一次出现"州、郡"合称。但武帝设置的十二州并不是行政区划,而是视察和监察的区划,并不存在常设的管理一州政务的最高长官。所以,诏书里提到的"州"落实到具体的责任人上,应该就是刺史了。这意味着,刺史已经开始承担"六条问事"之外的临时性任务。

诏书对人才的要求只有一点:能力出众。言下之意是,只要满足这一条,就算道德败坏,千夫所指,也无所谓。这种唯才是举、不拘一格的腔调,按说是乱世才会有的。但武帝不一样——这些年来不但用罪臣用得顺手,就连用死刑犯都得心应手,可见他对道德、人品越来越不看重。再说了,他需要人才是为了建非常之功,良家子弟谁会愿意走出国境,千里万里去闯荡一个吉凶未卜的新世界呢?诏书把意思表达到这个份上,说明现在就连死刑犯和亡命徒都不够用了。

武帝到底要做什么呢？其实诏书里交代了，就是"使绝国"。"绝国"是指远得不能再远，彻底隔绝在华夏文明之外的国家。

这种"绝国"到底是泛泛而谈，还是武帝心里已经有具体目标了呢？田余庆先生有推论：武帝是有明确指向的，"绝国"指的是西域大宛一带。

大宛远在葱岭以西，建都贵山，是今天乌兹别克斯坦共和国的卡赛散市。张骞到过大宛，在他向武帝做的汇报里，说此地"在匈奴西南，在汉正西，去汉可万里。（《史记·大宛列传》）"但是，就算大宛远在万里之外，出使而已，也算不得什么"非常之功"。匈奴已经干扰不到河西走廊了，羌人、楼兰和车师也都挨了汉人的打，没有匈奴做靠山，谁还敢去招惹路过的汉使呢？所以，做使臣只要吃苦耐劳会说话就够了，根本不需要什么"非常之人"。这就意味着诏书还有弦外之音，武帝要找的"可为将相及使绝国者"，关键词可能不是"使绝国"，而是"将"，他需要敢打敢拼的军事人才去攻打"绝国"。确实，仅仅在两年以后，李广利就出征大宛了。

武帝为什么心心念念要远征大宛呢？《史记》和《汉书》的说法是，武帝想要大宛特产的汗血马。当代学者还有几种新见解：有说武帝意图改良军马血统的，有说武帝为了得到天马以便升天的。田余庆先生的看法比较朴素：从武帝向西开疆拓土的各个阶段和步骤考察，汉帝国向大宛一带用兵，是多年以来汉朝军事战略上步步行动的必然结果，而不只是汉武帝一时的物欲所致。元封五年诏书所谓的"绝国"，除了大宛之外，还有乌孙、大夏等国家。（田余庆《秦汉魏晋史探微》）

元封五年的这道诏书给我们提供了一个很好的样本，说明理解诏书内容不能只看字面，而要从字缝里揣摩上意。

本年度的大事件到此结束。

汉武帝元封六年

166

江都公主是怎样远嫁乌孙国的

建首山宫

原文:

(六年)

冬,上行幸回中。

春,作首山宫。

三月,行幸河东,祠后土,赦汾阴殊死以下。

这一讲我们来看武帝元封六年(前105年)。开年除了出巡、祭神、大赦这些老套路,只多了一件事:兴建首山宫。

首山位于河东郡。当初公孙卿在武帝面前信口雌黄，说黄帝在首山采铜铸鼎，鼎成之后，真龙垂下胡须接黄帝升天，群臣和后宫女眷中有七十多人骑上了龙背，还有很多小臣在后边攀着龙的胡须想升天，但上不去，结果扯断了龙的胡须，黄帝的弓因此掉落下来。百姓仰望黄帝升天，抱着那张弓和龙的胡须号啕大哭，所以后人将黄帝升天之处命名为鼎湖，将黄帝遗落人间的那张弓称为乌号（háo）。

公孙卿说得如此活灵活现，以至于武帝发出了那句著名的感叹："诚得如黄帝，吾视去妻子如脱屣耳。"如果武帝也有机会像黄帝一样骑龙升仙，那么抛弃老婆孩子对他来说，就像甩掉脚上的鞋子一样毫无障碍。理解了这段背景，就知道武帝为什么要建这座首山宫了。

首山铜、鼎湖、乌号，脱屣，从此都成为文化语码，不断见诸诗词文章。不过，首山还有一个为人熟知的名字，首阳山。传说武王伐纣的时候，伯夷、叔齐耻食周粟，隐居到首阳山里挖野菜吃，双双饿死了。所以提到首阳山，人们马上想到的不是黄帝，而是伯夷、叔齐。当然，武帝不可能对伯夷、叔齐的故事感兴趣，兴建首山宫只能是因为黄帝。

郭昌南征

原文：

汉既通西南夷，开五郡，欲地接以前通大夏，岁遣使十余辈出此初郡，皆闭昆明，为所杀，夺币物。于是天子赦京师亡命，令从军，遣拔胡将军郭昌将以击之，斩首数十万。后复遣使，竟不得通。

这一年又发生了重大军事事件。在南方新置五郡之后，汉帝国打通南路连接大夏的念头更强烈了。一年之中，十几批使节团从昆明经过，始终是人被杀，财物被抢的结果。问题是，昆明不是已经被纳入汉帝国的版图了吗，怎么还会发生这种事情呢？

这要怪《资治通鉴》没交代清楚。结合《史记》《汉书》，大体而言，原先归顺汉帝国的滇国人（或许还有周边的若干部落）造反了。遇到反叛，武帝照例赦免了一批罪犯和亡命徒，组织远征军，交给郭昌将军指挥，南下平叛。这位郭昌虽然名气远不如卫青、霍去病、李广，但论资历已经算是百战名将。他曾以校尉身份追随卫青北伐匈奴，跟汲仁一道指挥过黄河瓠子口的治河工程，还曾与卫广一道征发巴蜀军队，远征滇国和滇国周边的若干小国，给汉帝国添置了益州郡。所以，这一次由郭昌挂帅南征，再合适不过了。

郭昌确实轻车熟路，这一场南征的战果竟然是"斩首数十万"。这样的数字简直令人难以置信——毕竟不是在平原的大兵团作战，而是在南部山地，即便是郭昌放纵士兵杀良冒功，也很难交出几十万颗首级。《汉书》的记载是"斩首数万"（《汉书·张骞李广利传》），这应该就是原始出处，但即便是"数万"，依然是一个不可思议的数字。

随着郭昌的南征，叛乱被平定了。然而，杀了这么多的人、平了这么大的乱，后来再派使节团，照旧此路不通。这到底该怎么解释呢？要么是当地人化整为零，打起了游击战，反正山路弯绕，虽然打不过汉帝国的远征军，但拦截汉使终归不是难事，我自己是倾向于这样认为的；要么这条路就是走不通，无论有没人阻挡，这个观点也是有支持者的，比如历史学者余太山先生。（余太山《两汉魏晋南北朝正史西域传要注》）

原文：

秋，大旱，蝗。

元封六年秋，不但大旱，而且发生了蝗灾。灾情到底有多严重,救灾形势到底如何,在帝王生涯里已经不太重要了。下一起被关注的事件是汉帝国和乌孙国的联姻。

乌孙联姻

原文:

乌孙使者见汉广大,归报其国,其国乃益重汉。匈奴闻乌孙与汉通,怒,欲击之;又其旁大宛、月氏之属皆事汉;乌孙于是恐,使使愿得尚汉公主,为昆弟。

乌孙使者亲眼见证了汉帝国的盛大,回国汇报后,势利眼的乌孙国王对汉帝国愈发重视,同时开始疏远匈奴。

这当然让匈奴很不高兴,但没办法,形势比人强,别说乌孙国了,就连月氏和大宛也纷纷和汉帝国眉来眼去。站在匈奴的角度而言,是可忍孰不可忍,如果不能狠狠教训一顿乌孙国,以后在国际社会上还怎么混!

这就是乌维单于的难处:明知道现阶段敌强我弱,龟缩起来休养生息才是上策,但对于旧日属国的背叛,如果不能在第一时间"秀肌肉",自己的统治合法性就会受到质疑，野心家也会借机煽动族群情绪，取自己而代之。所以呢，哪怕明知道打不过，他也必须做出足够有威慑力的姿态。

匈奴在西域世界积威多年，这时候忽然露出獠牙，乌孙国不能不怕。

怎么办呢？

乌孙王赶紧派使团入长安，提亲。只要娶了汉帝国的公主，两家人就是一家人了。

原文：

天子与群臣议，许之。乌孙以千匹马往聘汉女。

联姻的提议一得到武帝的应允，乌孙王就送来了良马一千匹作为聘礼。

如果是穷人家结婚，女方父母经常狮子大开口，索要高额聘礼，收到后留着将来给儿子娶媳妇做聘礼。但如果是富人家庭联姻，聘礼和嫁妆的模式更像是原始部落里的夸富宴。尤其是乌孙国和汉帝国的联姻，乌孙国拼上举国之力也要把聘礼给足，最好能让汉帝国还不起。

而汉帝国巴不得乌孙国这么做，因为只有这样，自己才有机会展示国力。拿出丰厚的嫁妆，不仅能狠狠压乌孙国一头，还能在西域诸国面前好好炫耀一番。

江都公主

原文：

汉以江都王建女细君为公主。

这一切都是政治层面的事情，由朝廷操办。不过，联姻最终还是要落实到具体的公主或者翁主身上。既然乌孙王提出来想娶公主，那就公主好了。

这位公主是江都王刘建的女儿刘细君。

"细君"直译过来的意思是"小主"。这里顺便讲一讲汉人的名字。前文提到卫青和卫子夫一家人，母亲卫媪原本只是一名婢女，生儿育女取名字取得很草率，甚至严格来说都不能叫名字：大儿子就直接叫卫长子。后来大约在卫家发达之后，卫长子改名叫卫长君，这就像样多了。卫子夫还有两个姐姐，分别叫卫孺（《汉书》作卫君孺）和卫少儿，这也不是什么正经名字，大约相当于卫娃儿、卫小娃。[1] 卫少儿名字里的"少"和刘细君名字里的"细"是同一个意思。刘细君

---

[1] 详见前文第062讲。

如果生在底层人家，名字就会是刘细儿；如果后来发迹了，要改名，就可以把"细儿"改成"细君"，就像卫长子改名叫卫长君一样。汉代让名字有高级感的最简便的方法，就是用上"君"字，比如我们熟悉的王昭君，还有王莽的姑妈王政君。

那么问题来了：刘细君既然是江都王之女，只是翁主，并不是公主，怎么忽然就变成公主了呢？再者说，她自幼锦衣玉食，忽然要肩负起如此沉重的政治使命，远嫁到万里之外的蛮夷之地，一辈子注定回不来了，她真的甘心吗？她的父亲就不能替女儿争取一下吗？

答案是：刘细君的父亲江都王刘建早已恶贯满盈，还牵连进了淮南王刘安谋反的大案，畏罪自杀了，王后等人也都被公开处决，江都国撤销。[1]

那是元狩二年（前121年）的事情，算起来已经是十六年前的往事了。当时的刘细君大概只是一个婴幼儿吧，对父母恐怕还没有形成记忆。虽然江都国已被撤销，但史料上还是会称刘细君为江都公主。

在武帝的"和亲人才储备库"里，再没有比刘细君这样的女孩子更合适的了——虽然论辈分是自己的侄

---

[1] 详见前文第124讲。

孙女，但无所谓，就认作公主好了。这种情况并非绝无仅有，而是成了一种模式，刘细君之后还有其他人经历了类似的命运。至于她本人，既要感激武帝的不杀之恩和养育之恩，嫁出去之后又必须仰仗汉帝国这个娘家的势力，不然还能怎么办呢？

刘细君就这样出嫁了。后人读到这段历史，只觉得一介弱女子从繁华的长安远赴万里之遥的西域，从此葬送了后半生，于是有各种伤感行诸文字。但如果我们放下《资治通鉴》，看一看《汉书》的记载：当时陪同刘细君出嫁的还有几百名宦官和宫女。（《汉书·西域传下》）这些人的命运也许同样——甚至更加——值得叹惋，只是没有人看得到他们。

167

汉帝国的西域大外交是怎么打通的

左右夫人

这一讲我们继续留在元封六年（前105年），首先需要关注的就是名为公主、实为反贼遗孤的刘细君的远嫁。

原文：

往妻乌孙，赠送甚盛；乌孙王昆莫以为右夫人。

刘细君以公主身份远嫁乌孙，从悲伤的一面看，这实在是一场人伦惨剧；从开心的一面看，武帝破格为她配备了几百名宦官、宫女和不计其数的嫁妆，乌孙王昆莫还给了她一个尊贵的头衔：右夫人。

原文：

匈奴亦遣女妻昆莫，以为左夫人。

既然有所谓右夫人，那就一定有个左夫人。尴尬就是这么来的：乌孙和汉帝国联姻，匈奴自然不满，所以单于也把女儿嫁了过去，这让乌孙王昆莫左右为难。左右为难之下，那就一个左夫人，一个右夫人好了。

那么左夫人和右夫人有没有高下之别呢？

清代学者徐松从史料中发现了线索：匈奴以左为尊，所以乌孙王昆莫以单于女儿为左夫人，说明匈奴的夫人高出刘细君半个身位，昆莫到底更怕匈奴。（[清]王先谦《汉书补注·西域传》）但如果还原到历史现场，昆莫的心态应该是两边都不敢得罪才对。

匈奴确实以左为尊，但汉人却是以右为尊——第三辑讲过，惠帝六年（前189年），以王陵为右丞相、陈平为左丞相。正是从这一年开始，"相国"这个职位一分为二，变成了左右丞相，右丞相略高于左丞相。[1] 我们还可以体会一下"左迁"和"右迁"这两个常用词，"迁"的意思是官职变动，一般而言，升职叫作右迁，

---

[1] 详见《资治通鉴熊逸版》（第三辑）第184讲。

降职叫作左迁。所以，从左丞相迁为右丞相是升职，是右迁，反过来就是降职，是左迁。[1]

原文：

公主自治宫室居，岁时一再与昆莫会，置酒饮食。昆莫年老，言语不通。

这样一看，昆莫真是个老滑头，充分利用了汉帝国和匈奴对尊左和尊右的习俗差异，把汉公主和匈奴公主都安置得妥妥当当的。昆莫一点都不用担心事情会露馅，原因很简单：刘细君来到乌孙之后，自行营建了一整套汉人风格的居住区，就这么安家落户了，一年和昆莫见不了两次面，就算见了面，也无非是办一场酒宴，刘细君拿出厚礼馈赠一下昆莫身边的贵人，纯属礼仪性质。更要命的是，昆莫和刘细君语言不通，而且他年事已高，让老人家学汉语显然不现实；让刘细君学乌孙话，刘细君也肯定不愿意。所以，左夫人和右夫人到底哪个更尊贵，刘细君自然感受不出来。

---

[1] 详见《资治通鉴熊逸版》（第三辑）第219讲。

公主思归

原文:

公主悲愁思归,天子闻而怜之,间岁遣使者以帷帐锦绣给遗焉。

《资治通鉴》里只是简简单单地提到"公主悲愁思归"和"天子闻而怜之",但武帝听到的到底是什么呢?答案要到《汉书》里去找。

刘细君在乌孙国守着活寡,忧愁之中创作了一首歌曲,歌词是这样的:

吾家嫁我兮天一方,

远托异国兮乌孙王。

穹庐为室兮旃(zhān)为墙,

以肉为食兮酪为浆。

居常土思兮心内伤,

愿为黄鹄兮归故乡。

——《乌孙公主歌》

歌词是楚辞体,句句押韵,大意是说:我家把我嫁到了很远很远的地方,嫁给了外国人乌孙王,乌孙国的生活一言难尽啊，人住在帐篷里，吃的只有肉，喝的只有奶，真不是人过的日子。我太想家了啊，恨不得化身为鸟飞回故乡。

在普通百姓看来，每天都吃得上肉、喝得上奶，难道还有什么资格去抱怨不成？这就说明，武帝虽然别有用心地养大了刘细君，但在吃穿用度上面没有亏待她，不然她在远嫁乌孙之后也不会有这种"何不食肉糜"调性的抱怨。

另外，我们还要考虑到：现代城市生活里，我们对五湖四海的食物都不陌生，可能早晨吃麦当劳、喝咖啡，中午吃越南河粉，晚上吃意大利比萨，夜深了还要去吃个街头烧烤，我们对各种食物的适应能力已经大幅提高了。但古人没这个条件，对他们来说，连米食和面食之间都有难以逾越的鸿沟，让一个从小不愁吃穿的汉人姑娘去吃烤全羊、喝酸奶，确实太难为人家了。

顾全大局

原文：

昆莫曰："我老。"欲使其孙岑娶尚公主。公主不听，上书言状。天子报曰："从其国俗，欲与乌孙共灭胡。"岑娶遂妻公主。昆莫死，岑娶代立，为昆弥。

《乌孙公主歌》后来传到了长安，虽然老百姓可能无法感同身受，但武帝被触动了，于是每隔两年就派使者送过去一些汉地特产。

至于昆莫，他应该也不忍心让刘细君守活寡，于是提出了一个建议，希望刘细君可以嫁给自己的孙儿岑娶。

这种事情在汉人看来简直就是禽兽行径，乱伦中的乱伦。刘细君不同意，上书武帝，大概是想请娘家撑腰吧。武帝发来的指示是："入乡随俗就好，要为两国联合消灭匈奴这个大局服务。"

刘细君就这样顾全大局，改嫁给岑娶了。很快昆莫过世，岑娶继位，称为昆弥。

这里需要解释一下，所谓昆莫，是乌孙国的王号，岑娶是官号。岑娶的名字叫猎骄靡。在颜师古的注释里，所谓昆弥，是从"昆莫"和"猎骄靡"中各取一个字构成的词。但这很可能是颜师古想多了，还是余太山先生的说法更合理："昆莫"和"昆弥"是一回事，只是汉语在音译的时候用了不同的字，大约就像"哈姆雷特"和"哈姆莱特"的区别。（余太山《两汉魏晋南北朝正史西域传要注》）

西域大外交

原文：

是时，汉使西逾葱岭，抵安息。安息发使，以大鸟卵及黎轩善眩人献于汉，及诸小国驩潜、大益、车〔姑〕师、扜罙、苏薤之属皆随汉使献见天子，天子大悦。

和乌孙国的联姻关系显然对汉帝国的西域外交大有帮助。这一时期，汉帝国的使者甚至向西越过了葱岭，抵达安息，即今天的伊朗。安息也派使臣回访，带来了本国特色的大鸟蛋以及魔术、杂耍艺人。

所谓大鸟蛋，应该是指鸵鸟蛋。至于魔术、杂耍艺人，原文是"黎轩善眩人"。"黎轩"是地名，有人说是罗马帝国，但当时的罗马帝国占据了大片的东方土地，所以罗马的魔术师未必就是欧洲人。（阴法鲁《丝绸之路上中外舞乐交流》）也有人说黎轩指的是埃及亚历山大城。（孙毓棠《汉代的中国与埃及》）

西域的各个小国也纷纷派人随回程的汉使一道远赴长安，朝见天子。这种万国来朝的景象让武帝很开心。怎么接待这些外国使者呢？原则很简单：一定要充分展示汉帝国的辽阔和富强。

原文:

西国使更来更去，天子每巡狩海上，悉从外国客，大都、多人则过之，散财帛以赏赐，厚具以饶给之，以览示汉富厚焉。大角抵，出奇戏、诸怪物，多聚观者。行赏赐，酒池肉林，令外国客遍观名仓库府藏之积，见汉之广大，倾骇之。

那段时间，武帝经常巡视沿海地区，于是就带着这帮外国人一起参观各大城市，拿酒池肉林款待他们，随意赏赐，甚至带他们去看汉帝国的仓库，总之是极尽炫富之能事。

"酒池肉林"这个词出现在这段内容里。我们通常认为，"酒池肉林"形容的是商纣王的奢靡生活，这倒没错，但《史记》原文里形容商纣王的话是"以酒为池，悬肉为林"（《史记·殷本纪》），但在形容汉武帝的时候，它被简化成了"酒池肉林"（《史记·大宛列传》）。往好处想，"酒池肉林"成了一种外交技巧，相当于原始部落里酋长举办的夸富宴，使劲糟蹋好东西，制造心理压力，让别人因为还不起礼而变得服服帖帖。

这段内容出自《史记·大宛列传》。司马光删掉了一段和资治无关但很有意思的记载：汉使追溯黄河的源头，发现黄河源出于阗，即今天新疆和田一带。当地生产玉石，使者还采回了一些。后来，武帝翻阅古代图书，将黄河的发源地命名为昆仑。

武帝究竟从哪张图、哪本书里找出了"昆仑"这个名字，已经无从考证。《禹本纪》《尚书·禹贡》《山海经·海内西经》《逸周书·王会》《楚辞·惜誓》等文献都记载过"昆仑"，但它们所谓的昆仑到底在哪儿，或者是否只是传说，没人说得清。反正武帝化虚为实，直接把这个名字冠在了他认为是黄河发源地的地方，并一直沿用至今。

虽然这里并不是黄河真正的源头，但这种探索河源的努力还是显得难能可贵。真正把河源勘察清楚，还要等到康熙年间。不过，那场勘察并不是出于纯粹而可贵的好奇心，而是因为当时认为黄河之所以泛滥成灾，是由于没有找到真正的河源进行祭祀。（葛剑雄《黄河与中华文明》）

这个小插曲就简单交代到这里，接下来我们回去看汉帝国在西域开拓的外交事业。

汉武帝太初元年

168

葡萄和苜蓿是怎样传入中国的

前文提到，武帝元封六年（前105年）是汉帝国外交大胜利的一年：先是和乌孙国稳固了联姻关系，然后西域诸国连番派使者回访，武帝尽情享受着万国来朝的喜悦，夸耀汉帝国的富庶。从外交角度来看，铺张浪费式的炫富是展示实力的一种手段，可以达到"不战而屈人之兵"的效果，毕竟糟蹋的这一点财富比起浩大的军费开支来，实在不值一提，因此浪费比节约更划算。

从个人角度来看，人类作为社群动物，苦与乐注定是和攀比挂钩的。文官可以比品级，武将可以比军功，富人可以比财富，唯独皇帝，天然高踞于权力和财富的顶点,要想从攀比中获得幸福感,总不能跟自家的文臣武将和富户去比,只能和外国的国君去比。回想战国年间,魏惠王在齐威王面前炫耀国宝夜明珠,也是这个道理。[1]

葡萄与苜蓿

原文:

大宛左右多蒲萄,可以为酒;多苜蓿,天马嗜之。汉使采其实以来,天子种之于离宫别观旁,极望。然西域以近匈奴,常畏匈奴使,待之过于汉使焉。

武帝恣意炫富,除了让外国使臣瞠目结舌,还收获了一些很实际的东西,比如大宛国盛产的葡萄和苜蓿。

葡萄可以酿酒,苜蓿是大宛国特有的良马最爱吃的植物。汉使带回来的葡萄和苜蓿就种植在武帝的行宫附近,长势很好,没有水土不服的迹象。

葡萄和苜蓿在汉帝国的种植具有重要意义,它标志着河西走廊开通以来首次有记载的外来物种引进。

---

[1] 详见《资治通鉴熊逸版》(第一辑)第143讲。

在《史记》的记载里，大宛和它周边的国家都用葡萄酿酒，富人家里储藏的葡萄酒可达一万多石，贮藏几十年也不会坏。(《史记·大宛列传》)

司马迁显然没搞清楚状况。当时酿酒还没有蒸馏技术，葡萄酒的酒精含量低，根本保存不到几十年。不过，葡萄有两个特别突出的优势：一是适应力超强，在各种温度和湿度的土地上都容易存活；二是特别容易发酵酿酒，可能是所有酿酒原料中最易操作的一种。

苜蓿也是一种好东西，马和牛爱吃，人如果不太讲究的话也可以吃。

盛唐诗人薛令之有一首很著名的诗——《自悼》。当时他在东宫作官，待遇低，福利差，所以牢骚满腹，说"朝日上团团，照见先生盘。盘中何所有，苜蓿长阑干"，意思是他的伙食很差，盘子里只有几根苜蓿胡乱横着，只好胡乱刨几口充饥。南宋的一位美食家林洪读到薛令之这首诗时表示，虽然能被诗句里的情绪感染，但因为自己没吃过苜蓿，不知道这东西到底有多难吃。后来因为一个偶然的机会，林洪得到了苜蓿的种子和栽培方法，自己种了来吃，大为感慨：这东西明明怎么做都好吃嘛，薛令之的诗应该只是借题发挥，抱怨前途而已。([宋]林洪《山家清供·上卷·苜蓿盘》)

林洪是福建人，早年对苜蓿不了解情有可原，因为苜蓿传入中国之后只在北方特别受重视。今天我们读世界史，知道苜蓿是牧草之王，葡萄是最廉价的酿酒原料。引入这样的外来物种，怎么说都是一件好事。

草木之变

但古人看待外来物种非常警惕。这倒不是现代概念中防范外来物种入侵的意识，而是害怕华夏从此沦为夷狄。设身处地一下，其实倒也不难理解：祖祖辈辈生长的地方一直种植五谷，离家几年再回来，发现到处都是葡萄和苜蓿，一派异域风情。这在灾异理论里有个专有名词，叫"草木之变"。

杜甫在《寓目》中写到他途经秦州，也就是今天的甘肃天水一带，眺望着"一县蒲萄熟，秋山苜蓿多"，满眼都是外来物种。再看山河，"关云常带雨，塞水不成河"，雨水虽多，但地貌荒凉无阻，雨水轻易就流散了。再观察当地人，"羌女轻烽燧，胡儿掣骆驼"，边塞风情，胡汉杂居，唤起的并不是丰收和民族大团结的喜悦，而是"自伤迟暮眼，丧乱饱经过"，没想到颠沛流离一辈子，最后看到的竟然还是这种不堪的景象。没过多久，当地果然就被吐蕃攻占了。（［明］

仇兆鳌《杜诗详注》)

当然，如果以积极的心态来看，苜蓿无异于国宝，如宋人李石在《羽扇亭》中所写，"君王若问安边策，苜蓿漫山战马肥"，只要苜蓿漫山遍野，战马就能养得膘肥体壮，边患问题也就不难解决了。苜蓿和葡萄所呈现的意象，应当像唐朝诗人王维所描述的那样："苜蓿随天马，葡萄逐汉臣。当令外国惧，不敢觅和亲。"(《送刘司直赴安西》)

汉武帝如果能读到这两首诗，一定心有戚戚焉。现在苜蓿有了，良马也有了，看匈奴到底还能张狂到几时。然而，让武帝特别不快的是，任凭自己对西域诸国又是炫耀国力，又是悉心笼络，西域诸国到底还是更怕匈奴。

这倒不难理解，从西域诸国的角度看，汉帝国就算再强盛、再亲近，最多也只能算远亲。匈奴才是近邻，就算其国力大不如前，但瘦死的骆驼比马大嘛。《史记》记载，那个时候，匈奴使者只要拿着单于的一件信物，就可以在西域诸国畅行无阻，不管走到哪儿都能白吃白喝。汉使就没这个待遇，无论吃喝用度，一切都要花钱买。(《史记·大宛列传》)

平心而论，以武帝派遣使节团的那个阵仗，如果和匈奴使者享受同样的待遇，估计用不了几年就能把西域地区的城邦型小国通通吃垮。

儿单于

原文：

是岁，匈奴乌维单于死，子乌师庐立，年少，号"儿单于"。自此之后，单于益西北徙，左方兵直云中，右方兵直酒泉、敦煌郡。

这一年里，匈奴的乌维单于过世，他的儿子乌师庐继位，因为年纪太小，所以被称为儿单于。

早在乌维单于时代，匈奴就已经退到北方苦寒之地了。儿单于继位后，匈奴继续向西北方向迁徙。《资治通鉴》的原文是"单于益西北徙"，字面上很容易理解为儿单于带着匈奴族人继续北撤。但这个"西北"是从汉帝国的角度来说的，匈奴实际压到了汉帝国的西北边境，这才能与下一句"左方兵直云中，右方兵直酒泉、敦煌郡"相呼应。也就是说，匈奴兵分两路，以左翼压迫云中郡，右翼压迫酒泉、敦煌两郡。

这意味着匈奴在刻意向西域诸国靠拢，积极和汉帝国争夺对西域诸国的影响力。如果不这样做，那么以汉武帝对西域诸国的笼络力度，估计要不了几年，匈奴在国际社会上就会被彻底孤立。

还有一个暂时看不出来，但影响深远的后果：原本在匈奴东边的乌桓、鲜卑终于可以放飞自我，野蛮生长了，它们将来会成为中原大患。我们只要想到这一层，就容易理解那些反对汉武帝积极对匈奴用兵的人了。在他们看来，游牧民族是杀不完的，北方边患也无法根除，纯属按下葫芦起来瓢。所以，明智的打法应该像轰苍蝇那样，苍蝇来了就轰，苍蝇飞走就让它们飞走好了。

柏梁台火灾

原文：

（太初元年）

冬，十月，上行幸泰山。十一月，甲子朔旦，冬至，祠上帝于明堂。东至海上，考入海及方士求神者莫验；然益遣，冀遇之。

元封六年的大事件到此结束，下面我们进入太初元年（前104年）。严格来说，并不是一进入新年就改称太初元年的，而要等到本年度制定完《太初历》后，才拿这个名目作为年号。

年初，武帝又跑了一趟泰山和海滨地带，检验方士们入海求仙的成果。当然不可能有任何成果，但武帝没有收手，反而派出了更多的方士入海求仙。

回顾武帝这些年的求仙历程，他一次次受骗上当，一次次大失所望，但又总是一次次重燃热情，诚意之足，执念之深，令人叹服。我们倒也不好苛责两千年前的古人，即便在科学昌明的现代社会，同样的诚意和执念也屡见不鲜。

原文：

乙酉，柏梁台灾。

十二月，甲午朔，上亲禅高里，祠后土，临勃海，将以望祀蓬莱之属，冀至殊廷焉。春，上还，以柏梁灾，故朝诸侯、受计于甘泉。甘泉作诸侯邸。

武帝一路在东方忙于各种祭祀，但似乎并没有赢来神明保佑，长安柏梁台竟然失火了。等武帝回到长安，只好在甘泉宫办公和接见外宾。虽然宫殿火灾不会造成太大的人员伤亡，也不会影响民生，但问题是，怎么解释这场火灾呢？

回想柏梁台的兴建，只是十一年前的事情。[1]工程非常浩大，还修建了高耸夺目的仙人承露盘，为武帝贡献琼浆玉液。失火难道意味着武帝做错了，遭天谴了吗？就算武帝家大业大，不在乎这点损失，但接见外宾不得不转移到规格差一级的甘泉宫去，太没面子了，他的情绪必须有个出口。

那么，有没有什么办法可以把柏梁台的火灾说成好事，让武帝转怒为喜呢？

当然有办法，而且是老办法。先前武帝办完封禅大典却遭遇旱灾，公孙卿搬出黄帝封禅之后"干封三年"的历史，不是就轻松化解危机了吗？[2]

我们借由《史记》可以了解到，如今化解危机的还是公孙卿，而公孙卿搬出来的历史榜样还是黄帝——当年黄帝修建青灵台，十二天后就被烧了，他这才修建了明廷，而当年的明廷就在现在甘泉宫的位置。有公孙卿这样一起头，方士们赶紧添枝加叶，这样一来，武帝移驾甘泉宫就不算丢面子了，柏梁台火灾更不是什么天谴，现实生活里的每个步骤其实都是当年黄帝传奇生涯的再现。接下来不问可知，武帝必然也会乘

---

[1] 详见前文第143讲。
[2] 详见前文第161讲。

龙上天,追随黄帝而去。(《史记·封禅书》)

事情看来可以翻篇了,但被烧毁的柏梁台该怎么处置呢?

是放着不管,还是原样修复?

这两种方案都太平常了,不可能对上武帝的胃口。这个时候,另一派江湖术士跳出来了。

169

建章宫是怎么建起来的

原文：

越人勇之曰："越俗，有火灾复起屋，必以大，用胜服之。"于是作建章宫，度为千门万户。其东则凤阙，高二十余丈。其西则唐中，数十里虎圈。其北治大池，渐台高二十余丈，命曰太液池，中有蓬莱、方丈、瀛洲、壶梁，象海中神山、龟鱼之属。其南有玉堂、璧门、大鸟之属。立神明台、井干楼，度五十丈，辇道相属焉。

正当武帝不知道该如何处置被烧毁的柏梁台时，一个名叫勇之的越人跳出来了。

当时的怪力乱神可以粗略分为两大流派：一是东方燕齐派，出海替武帝寻访神仙的就是这一派；二是南方楚越派，他们主要负责搞巫蛊、拜鬼、扎小人。这些年里，轮番忽悠武帝的主要是燕齐派，像文成将军少翁、五利将军栾大，还有当下的大红人公孙卿。

自从汉帝国吞并南越，南方巫师也开始在朝廷现身，指点武帝怎么拜鬼，怎么用鸡骨头占卜。

前面我们提过一个问题：假如这套玩意真的管用，为什么几大越人政权都灭亡了呢？

全世界的古代宗教都面对过这个质疑，而它们的答案也高度一致：是人的怠慢导致了神的抛弃。勇之在武帝面前也是这么讲的，以武帝的风格，自然信了。（《史记·孝武本纪》）

柏梁台失火，公孙卿开解武帝的心结在前，勇之"清扫战场"在后，这两大流派的巫术大师非但没有势同水火，反而配合得相当默契。我们可以对照一下儒家阵营，不管武帝搞什么事，建明堂也好，办封禅大典也罢，儒家学者从来都是各执己见，互相拆台，把武帝烦得不亦乐乎。为什么他们就不知道求同存异，为着同一个大局携手作战呢？

最核心的原因应该是：他们都是些"知行合一"的人，对自己掌握的儒家知识抱有宗教般的真诚，哪怕是一丁点的妥协都不啻万箭穿心。再看巫术阵营，都是知行高度不合一的家伙，也很清楚骗局做久了难免穿帮露馅。所以不管是什么派别，只要一对眼色，就不难知道对方也是千年老狐狸，大家都要围着同一只老虎讨生活，除非有一击必杀的把握，否则搞倾轧就不如你好我好大家好。

勇之和公孙卿一样，完全摸清了武帝的性情，所以他提出的扫尾方案特别对路。勇之说越人有一种风俗，失火之后，重新盖起来的房子一定要比原来的房子大，这样才能压住邪祟。

别的话可能武帝都不在意，但只要"大"，那就千好万好。

兴建建章宫

于是，武帝下令兴建建章宫，规模达到"千门万户"。盛唐诗人崔颢描写一名女子初入皇宫的观感"建章宫殿不知数，万户千门深且长"（《邯郸宫人怨》），其出处就在这里。建章宫不仅仅是宫殿，单是举行斗兽的虎圈就占地几十里，还有一座叫太液池的大型人工湖，湖心岛上修了一座高台，称为渐台——后来王莽就是死在这座台上。

建章宫的主体建筑从样式到布局与未央宫基本一致，但多了一整套太液池的水景。池中有微缩版的海上仙山，灵感来自秦始皇的兰池宫。这套园林法式传承久远，今天我们看北京的北海公园，还有圆明园的福海，都是这个调调。

"太液池"这个名称也被传承了下去,唐朝大明宫内的水景区也叫太液池。白居易在《长恨歌》里描写唐玄宗在饱经离乱之后返回长安,"归来池苑皆依旧,太液芙蓉未央柳",太液池里的荷花和未央宫内的垂柳还是当年的模样,睹物思人,"芙蓉如面柳如眉,对此如何不泪垂",当即就生出了物是人非的唏嘘。

建章宫很可能原本就有,但只是上林苑的一角,规模很小,如今在勇之的建议下被大张旗鼓地扩建了。当初卫子夫刚刚入宫受宠时,卫青因为这层裙带关系,到上林苑建章宫当差。[1] 如今建章宫迎来第二春,俨然成为汉家头牌,卫青却已经作了古。

修《太初历》

原文:

大中大夫公孙卿、壶遂、太史令司马迁等言:"历纪坏废,宜改正朔。"上诏儿宽与博士赐等共议,以为宜用夏正。夏,五月,诏卿、遂、迁等共造汉太初历,以正月为岁首,色上黄,数用五,定官名,协音律,定宗庙百官之仪,以为典常,垂之后世云。

[1] 详见前文第062讲。

本年度的第二件大事是修订历法，司马迁也是提案人之一。《资治通鉴》的记载相当简略："历纪坏废，宜改正（zhēng）朔。"翻译过来就是：以前的历法毛病太多，用不下去了，是时候改正朔了。

其实，改正朔和历法好不好用关系不大。每年到底是以十月为第一个月还是以二月、三月为第一个月，并不是很有所谓。今天我们用公历，元旦是在冬天，其实和秦汉两代差不多，我们还不是正常过日子吗？改正朔全然是政治性的，宣示政权的天命所归。

汉帝国开国以来，一直汉承秦制，以水德自居，并没有做出秦朝那种"改正朔，易服色"的大动作。所以，总有人蠢蠢欲动，想要扭转这种局面。贾谊努力过，公孙臣努力过，但由于各种阴差阳错，他们的提议都没有被采纳。到了武帝时代，依旧以十月为岁首，每一次新年伊始都是"冬十月"。如今连封禅都办完了，再不改正朔，易服色，似乎就说不过去了。

其实，日常生活和农业生产对历法的需求并不高。我们可以看看《古诗源》里的第一首："日出而作，日入而息。凿井而饮，耕田而食。帝力于我何有哉。"传说这首《击壤歌》诞生于尧圣人统治的时代，那时候天下太平，百姓无事，有老人随口这样唱，好一个逍遥自在。（［清］沈德潜《古诗源·卷一》）

这虽然只是传说，但说明了农耕生活可以多么简单——根本用不着精心观测天象、推算历法——庄稼到底早两天种还是晚两天种，只要观察一下身边的自然物候就足够了。日出日落是最直观的日历，月盈月亏则是最直观的月历。年历稍微难一些，如果只是观察春花秋叶，好像太粗略了，但只要在地面插一根棍子，每天测量日影的长度，也就能确定冬至和夏至了。哪怕只是确定了冬至在哪天，一个回归年也就有了基本轮廓。

古代历法可以分为三类：阴历、阳历和阴阳历。

阴历只把月亮作为时间尺度，以月盈月亏作为一个基本周期，也就是一个月，再人为规定多少个基本周期构成一年。阴历的优势是观察月相很直观，缺点是和太阳的运行周期难以合拍，用着用着就容易和自然季节发生错位。

阳历只把太阳作为时间尺度，以太阳运行一个大周期作为一年，约等于365.25天。阳历的好处是和自然季节的吻合度高，缺点是一个周期过长，次一级的周期很难确定。

于是，阴阳历应运而生，把阴历和阳历结合起来用，小周期看月亮，大周期看太阳。古代中国有文献记载的历法基本都是阴阳历。而问题在于，太阳的运行周期和月亮的运行周期并不存在整数的倍数关系，阳历的一年比阴历的十二个月多出 11.25 天。解决的办法是"置闰"——当误差积累到一定程度，就人为插入一个闰月。

闰月的设置周期称为"闰周"，但闰月到底应该怎么插入？能否找出一个数学公式来解决这个问题？如果能用一个公式确定闰月的设置周期，那就可以一劳永逸地保证历法的精确性。

古人在这个课题上没少花力气。他们追求历法的精确性，所谓"敬授人时"（《尚书·尧典》），事关政治、军事，一旦有了误差，那就意味着阴阳不调，而在理论上，搞政治的首要任务就是"燮理阴阳"，只要阴阳调和了，自然就会风调雨顺、国泰民安、四夷宾服。

汉朝开基立业已经一百零二年，旧历法也该换换了。于是，一部崭新的《太初历》就这样应运而生，参与者既有司马迁这样的宫廷专家，也有唐都、落下闳这样的民间高手。

《太初历》的推行，使汉帝国终于从水德改成了土德，以黄色作为官方标准色，官员印章上的文字统一改成五个字，一年的第一个月从十月改成了正月。《资治通鉴》不曾交代的是，《太初历》不但是中国历史上

第一部有完整记录的历法，而且是第一次把二十四节气写进了历法。

以正月为岁首，这是传说中夏朝的历法，得到过孔子的高度认可，所以这一次修改岁首，算是替孔子实现了一部分政治理想。而且自此以后，虽然历法屡经更迭，但以正月为岁首这个规则基本延续了下来。

这一场浩浩荡荡的"改正朔、易服色"搞下来，按说应该阴阳和谐、风调雨顺了吧？并没有，现实很快就给出了当头一棒。

170

武帝为什么要西征大宛

这一讲我们继续留在武帝太初元年（前104年）。改正朔、易服色这一系列动作并没有带来阴阳和谐、风调雨顺，汉军西征大宛的战事并不顺利，还遭遇了大规模的蝗虫灾害，仗打得狼狈，遭灾也遭得狼狈。想想黄色刚被定为官方标准色，还没见着好处，当年就闹了蝗虫，真是情何以堪。

受降城

原文：

匈奴儿单于好杀伐，国人不安；又有天灾，畜多死。左大都尉使人间告汉曰："我欲杀单于降汉，汉远，即兵来迎我，我即发。"上乃遣因杅将军公孙敖筑塞外受降城以应之。

不过，在谈这些坏消息之前，先来看一个对汉帝国而言天大的好消息：匈奴高层打算发动政变。

事情的起因是新继位的儿单于性情残暴，动辄杀人，搞得匈奴人人自危。偏偏祸不单行，天降暴雪，牲畜大批死亡。（《史记·匈奴列传》）局面坏到这个程度，人心自然散了。匈奴左大都尉派出密使和汉帝国取得联系，说自己打算先杀掉儿单于，再投降，希望汉帝国可以派出大军到边境接应。只要汉军到位，他就发动政变。

双方一拍即合。武帝派公孙敖到塞外修筑受降城，来接应左大都尉。这座受降城位于今天内蒙古巴彦淖尔市附近，从名字能看出，它就是用来接受匈奴左大都尉率众投降的。这是历史上第一座受降城。南朝诗人江总有一首乐府旧题《关山月》，描写一名戍边士兵和家人一别多年，"流落今如此，长戍受降城"，始终回不了家。

不过，唐诗中反复出现的"受降城"并不是公孙敖主持修建的这一座，而是唐朝人沿用了受降城这个名字，新建了三座，一座比一座更能撩拨边塞诗人的心。这些受降城，《资治通鉴》后面也会提到。

大宛宝马

原文：

秋，八月，上行幸安定。

汉使入西域者言："宛有善马，在贰师城，匿不肯与汉使。"天子使壮士车令等持千金及金马以请之。宛王与其群臣谋曰："汉去我远，而盐水中数败，出其北有胡寇，出其南乏水草，又且往往而绝邑，乏食者多，汉使数百人为辈来，而常乏食，死者过半，是安能致大军乎！无奈我何。贰师马，宛宝马也。"遂不肯予汉使。

秋八月，武帝巡幸安定，派贰师将军李广利征发天下罪犯西征大宛。

事情还要从头说起：汉使带回来一个重要情报，大宛国的贰师城藏有一种宝马，而他们不愿意交出来给汉使。武帝动了心，派一位名叫车令的壮士带着千金和一匹金马出使大宛，求取贰师城的宝马。这好歹也算大国风范了，出手阔绰，不让小兄弟吃亏，没想到大宛国王硬是不松口。人家的考虑是：贰师城的马是大宛国宝，哪能轻易给人呢？再加上汉帝国到大宛不但千山万水，而且一路上各种凶险，一支几百人的使团在路上挨饿都能饿死一多半，大军根本过不来。

所以答应还是不答应，主动权完全在大宛国王手里。

我们难免好奇：在那么多黄金和一匹金马面前，大宛国王都能不动心吗？而且两国天遥地远，并不会形成竞争关系，像这样互通有无有何不可呢？

《资治通鉴》以上内容采自《汉书·西域传》，但如果参照《汉书·张骞李广利传》和《史记·大宛列传》，就有一则文章能解答上述问题的关键信息。汉帝国的好东西在大宛国内已经很多，不稀罕了。回顾张骞凿空，这才过去几年，物资流通竟然已经到了这种程度。

原文：

汉使怒，妄言，椎金马而去。宛贵人怒曰："汉使至轻我！"遣汉使去，令其东边郁成王遮攻，杀汉使，取其财物。

按说外交活动难免有谈不妥的时候，遇到这种情况，要么想办法谈第二轮，要么回国交差。但我们别忘了，武帝派往西域的使者并不是训练有素的外交官，他的原则是不挑不拣，谁愿意去谁去。而这一次，使团带头人车令是一位"壮士"，堂堂壮士哪咽得下这口气呢，不但破口大骂，而且把不远万里带来的那匹金马砸了。

亲眼看到金马被砸毁，大宛君臣不知道有没有在想："这东西果然不是实心的啊。"当然，伤面子才是头等大事。大家憋着一口气送走了汉使，马上通知东边的郁成王截杀汉使，抢夺财物。

郁成具体在什么位置，到底是一个独立国家还是大宛国辖下的一座城市，今天已经搞不太清了。我们只能确定它在今天费尔干纳盆地的东边，从郁成前往大宛国应该是当时的正途。（余太山《大宛和康居综考》）

李广利西征

原文：

于是天子大怒。诸尝使宛姚定汉等言："宛兵弱，诚以汉兵不过三千人，强弩射之，可尽虏矣。"天子尝使浞野侯以七百骑虏楼兰王，以定汉等言为然；而欲侯宠姬李氏，乃拜李夫人兄广利为贰师将军，发属国六千骑及郡国恶少年数万人，以往伐宛。期至贰师城取善马，故号贰师将军。赵始成为军正，故浩侯王恢使导军，而李哆为校尉，制军事。

使团覆灭的消息传回长安，武帝勃然大怒，眼见得汉与大宛必有一战，问题马上转到了技术层面：这一仗到底该怎么打？

去过大宛的人说，大宛军队不堪一击，只要三千汉军，强弓硬弩一射，就能解决问题。

这话听上去很不靠谱，但考虑到四年前赵破奴带着七百名轻骑兵打前锋，就顺利俘虏了楼兰王[1]，武帝也就相信了。再加上他正在宠爱李夫人，很想给李夫人的哥哥李广利封侯，于是决定让李广利带兵去捏大宛这个软柿子。这样实在是公私两便，两全其美。

前边讲过，这位李夫人是音乐大师兼武帝男宠李延年的妹妹，"倾国倾城"这个成语背后的女主角。[2]就这样，李夫人的另一个哥哥李广利被任命为贰师将军——这类将军名号是临时性的，因为李广利这次军事行动的目的是到贰师城获取宝马，因此被称为贰师将军。

李广利麾下有属国六千骑兵和几万名郡国恶少年。"郡国恶少年"是《资治通鉴》的原文。今天的军人形象都是闪光的，所以我们有必要抛开现代印象，认识到当时当兵打仗的基本都是官方观念里的坏人——死刑

---

[1] 详见前文第162讲。

[2] 详见前文第155讲。

犯、逃犯、流氓、无赖，凡此种种。据劳榦先生考证，史料当中武帝、昭帝时代所谓"恶少年"，也是罪人的一种。（劳榦《汉代的兵制及汉简中兵制》）

这并不是汉代的特例，而是历朝历代屡见不鲜的现象。"恶少年"过不来安生日子，有好勇斗狠的性情和惹是生非的魄力，非常适合上阵杀敌。这些古代军队的士气往往出自实实在在的物质激励，而非保家卫国的正义感。但如果是安善良民，就算告诉他砍人头可以换提成，他也很难下手。相较之下，"恶少年"的优越性就突显出来了。

至于这支西征大军的另一部分——属国六千骑兵，则都是当年随浑邪王归降过来的匈奴人。前文讲过，武帝一下子接收了四万多名匈奴降人，将他们安置在河套地区，让他们保持原先的风俗习惯，设置为五个属国。[1]

王温舒灭族

原文：

臣光曰：武帝欲侯宠姬李氏，而使广利将兵伐宛，其

---

[1] 详见前文第126讲。

意以为非有功不侯，不欲负高帝之约也。夫军旅大事，国之安危、民之死生系焉。苟为不择贤愚而授之，欲徼幸咫尺之功，藉以为名而私其所爱，不若无功而侯之为愈也。然则武帝有见于封国，无见于置将；谓之能守先帝之约，臣曰过矣。

关于李广利的西征，司马光抒发了一段"臣光曰"，对武帝的用人之道相当不以为然。

原文：
中尉王温舒坐为奸利，罪当族，自杀；时两弟及两婚家亦各自坐他罪而族。光禄勋徐自为曰："悲夫！古有三族，而王温舒罪至同时而五族乎！"

同一时间，时任中尉的酷吏王温舒因被指控贪赃受贿，罪当灭族，王温舒选择自杀。他的两个弟弟和两个姻亲之家也犯了罪，被灭了族。一名叫徐自为的官员不禁发出感叹："可悲啊！古时候有灭三族的事情，王温舒竟然被灭了五族！"

徐自为的所谓"五族"到底是怎么算出来的，学者们各有各的说法，我们就不去深究了。（顾颉刚《顾颉刚读书笔记》（四）；[日]小仓芳彦撰，徐世虹译

《围绕族刑的几个问题》）总之，王温舒强横一生，最后凄凉收场，落了片白茫茫大地真干净，巨额家产也变得毫无意义。[1]后来在灭族惨剧上超过王温舒的，要算明朝的方孝孺，甚至连他的门生都被牵连不少。清朝初年，宋琬祭拜方孝孺，用到了王温舒灭五族的典故，写下了"七国肯因晁错解，先生祸比温舒酷"（《满江红·拜方正学先生祠》）。平心而论，王温舒和他的两个弟弟、两个亲家，各有各的罪过，只是凑巧发生在差不多的时间段，又都是灭族的罪，所以才引发了徐自为的感叹——这和方孝孺之死有本质上的不同。至于王温舒到底犯了多大的罪，并不重要，就算他再怎么谨小慎微，只要他是头牌酷吏，大概率就会是这个下场，否则皇帝怎么平息民愤呢？

原文：

关东蝗大起，飞西至敦煌。

本年度的最后一桩大事是关东地区爆发了一场超大规模蝗灾。蝗虫铺天盖地，从关东一路飞到敦煌，自东到西，几乎横跨了整个汉帝国。

---

[1] 《史记·酷吏列传》："温舒死，家直累千金。"

《资治通鉴》作为编年史,把蝗灾单摆浮搁地放在了王温舒灭五族之后。而在《史记》中,司马迁的文学笔法让这场蝗灾给人的感受完全不同。

司马迁先描述了壮士车令出使大宛求取宝马的经过,谈到兵戎相见和李广利军团的高层阵容,然后交代:这是太初元年的事情,这时候关东地区蝗虫大起,向西一直飞到敦煌。(《史记·大宛列传》)这样书写,仿佛这场震古烁今的蝗灾成了李广利西征军团的背景色,一下子带出了画面感。明明只是一句写实,却隐含了千言万语的议论。